本书获中央高校基本科研业务费资助

现代政治经济学数量分析丛书

新能源力系统研究

王宝珠　著

上海财经大学出版社

图书在版编目(CIP)数据

新能源力系统研究/王宝珠著. —上海:上海财经大学出版社,
2020.10
(现代政治经济学数量分析丛书)
ISBN 978-7-5642-3637-3/F · 3637

Ⅰ.①新…　Ⅱ.①王…　Ⅲ.①新能源-产业经济-研究-中国
Ⅳ.①F426.2

中国版本图书馆 CIP 数据核字(2020)第 166739 号

□ 策划编辑　刘光本
□ 责任编辑　林佳依
□ 封面设计　贺加贝

新能源力系统研究

王宝珠　著

上海财经大学出版社出版发行
(上海市中山北一路 369 号　邮编 200083)
网　　址:http://www. sufep. com
电子邮箱:webmaster @ sufep. com
全国新华书店经销
江苏凤凰数码印务有限公司印刷装订
2020 年 10 月第 1 版　2020 年 10 月第 1 次印刷

710mm×1000mm　1/16　13 印张(插页:2)　218 千字
定价:59.00 元

不论我的著作有什么缺点，它们却有一个长处，即它们是一个艺术的整体；但是要达到这一点，只有用我的方法。

——卡尔·马克思

内容提要

　　本书尝试以马克思主义政治经济学理论为基础，赋予新能源以经济"力"的内涵，提出"新能源力"概念，进而构建新能源力系统理论。在新能源力系统框架下，具体对新能源力系统分力——新能源技术力、新能源生产力和新能源消费力——进行理论和实证检验。在此基础上，结合中国新能源力系统的现实情况，提出了一套分层次的系统性政策体系，以期为形成一个结构稳定、功能完备、运转协调、过程连续、可持续运转的新能源力系统提供有价值的参考。

目　录

第一章 绪 论

普世之事,旧久推新,新待精进,能源更迭,亦如此般。传统能源陷入"三重困境"的压力转化成了发展新能源的动力,关于新能源方面的政府扶持形成了其发展的助力。在各国普遍的政策扶持下新能源发展得到持续成长,这在能源历史上是一个新的节点,也是人类未来长期稳定发展的新方向。

第一节 研究背景与研究意义

一、研究背景

能源是人类赖以生存的物质基础,是人类文明得以建立的重要保障。纵观历史长河,每一次生产力革命都是源于新技术与新能源利用形式的结合。第一次工业革命始于"煤炭"与"蒸汽机"的结合,煤炭作为当时相对低廉的能源实现了蒸汽机的大规模应用,带动了印刷、冶金、纺织、工程、机床及化工等产业群的迅速发展；第二次工业革命始于"石油"与"内燃机"的结合，以石油为主的动力方式成功普及了汽车，使之成为推动经济发展的重要交通工具；第二次世界大战之后，通信技术的发展又进一步深化了以煤炭和石油为主的化石能源使用，直至今天，两者依然是社会经济的主要能量来源。然而，传统化石能源的利用正在逐步陷入"三重困境"。

一是传统化石能源绝对数量的贫乏和相对数量的短缺。经过工业革命之后数百年大规模竭泽而渔式的开采利用，传统化石能源正面临枯竭的风险。"截至 2013 年，世界范围内煤炭、石油、天然气所探明的可采储量分别为 8 915 亿吨、2 382 亿吨、186 万亿立方米，按照世界平均开采强度，上述三者分别可以开采 113 年、53 年和 55 年。"①而更令人担忧的是，能源需求增长迅速，但已经探明的能源开采量却难以满足人类的需要。1965 年，全球一次性能源消费量约 54 亿吨标准煤，而截至 2013 年，这一数值已经上升至约 182 亿吨标准煤，在此期间，年人均能源消费量增长了约 24%。中国的煤炭、石油和天然气资源的储采比②更加紧张，仅分别为 31 年、12 年和 28 年。

二是由传统化石能源燃烧所带来的污染不断挑战着人类以及环境所能承受的极限，已经严重影响了人类的健康和日常出行，这将会影响劳动力的再生产过程。2013 年 1 月，环保部相关数据显示：江苏、北京、浙江、安徽、山东的月平均雾霾日数分别为 23.9 天、14.5 天、13.8 天、10.4 天、7.8 天，创 1961 年以来同期最高；中东部地区大部分站点 PM2.5 浓度超标日数达到 25 天以上。③ 由清华大学、美国健康影响研究所（2010 Global Burden of Disease，GBD 2010）联合发布的《2010 年全球疾病负担评估》报告显示：以 PM2.5 为主的室外空气污染对公共健康所造成的风险远超乎人们的想象，如此室外污染将导致世界范围内每年 320 万人的过早死亡。仅 2010 年，我国因室外空气污染而死亡的人数在该年全部死亡人数中占比约为 14.9%。而在 2013 年，中科院相关研究就已经表明，传统化石能源燃料的燃烧与排

---

① 刘振亚：《全球能源互联网》，中国电力出版社 2015 年版，第 3 页。
② 储采比是指按照当前的生产水平，相关能源可供开采的时间。
③ 宝金花："浅谈细颗粒物(PM2.5)污染与化石燃料燃烧"，《内蒙古石油化工》2014 年第 2 期。

放、工业污染和二次无机气溶胶三者正是形成 PM2.5 污染的罪魁祸首。

三是以传统化石能源为主要原料的产业增长空间趋近饱和,经济的可持续发展缺乏动力。自 1990 年以来,我国工业对 GDP 的贡献率基本维持在 40% 以上,而工业的增长几乎完全依赖于不可再生能源。我国化石燃料消耗占总能源消耗的比重一直处于上升态势,2015 年煤炭在总能源中的消费量就达到了 64%。紧张的能源供给对传统能源产业发展的约束程度必将日益趋紧,也就是说,传统能源产业作为一个经济子系统,其经济力作用已然受限,现实经济亟待先"破"后"立",寻找化石能源的有效替代而后锻造经济可持续增长的新引擎。中共十八届五中全会中提出"创新、协调、绿色、开放和共享"五大发展理念,新能源发展至少涉及"创新""绿色"和"共享"三大方面,因而如何更好地发展新能源成为我们当下最为迫切的诉求之一。

传统能源"三重困境"的压力转化成了发展新能源的动力。发达国家已经在努力构建新能源工业经济方案,2013 年 4 月,德国政府率先在汉诺威工业博览会上推出"工业 4.0 计划",即以信息—物理系统为形式,融合物理世界与虚拟世界,以生物技术和新能源为主导,实现传统能源的节约与替代。美国在 2015 年出台了《美国清洁电力计划》,为达到这一计划能源部将为 7 个州的 11 个太阳能项目提供 2 400 万美元资金以用于太阳能技术效率的提高;与此同时,还新增 10 亿美元贷款担保,用于屋顶太阳能电池板等商用分布式能源项目的开发。[①] 我国政府为鼓励和推动新能源产业的发展,也实施了一系列的扶持政策,包括税收政策,如对新能源高新技术企业实行 15% 的企业所得税税率,并享受企业所得税定期减半优惠;直接补贴政策,如分布式光伏发电站每发一度电都会在地方政府(如上海)补贴的基础上还收到国家财政 0.42 元(税前)的补贴,等等。

政府对新能源的扶持形成了对新能源发展的助力,世界能源结构也悄然发生了变化。在 2000—2013 年间,世界风能、太阳能发电装机容量分别实现

---

① 周琪、付随鑫:"美国《清洁电力计划》及其对美国能源行业的影响",《国际石油经济》2015 年第 10 期。

了 17 倍和 111 倍的增长，当然，由于这两种新能源本身的基数较小，尽管实现了如此高的增长，总量也仅为全球一次能源供应总量的 2%左右。但是新能源的开发潜力巨大，一旦技术实现突破，对传统化石能源的替代将会成为一种必然的趋势。据估计，世界太阳能、风能和水能资源的可开发总量将超过 100 万亿千瓦，可以极大地满足人类的需求。就目前来看，部分发达国家在新能源消费方面已经取得了突破性的进展，比如，2014 年冰岛、法国、瑞典和瑞士可替代能源和核能占能源使用总量的比例分别达到 89.28%、50.11%、49.97%和 43.54%。[①]

然而，我国在发展新能源方面与发达国家还存在较大的差距，新能源使用量在总能源消耗中的比重不但没有增长，还呈现总体下滑的趋势。我国新能源总产量从 1990 年的 211.34Mtoe 上升至 2013 年的 325.42Mtoe，其在总能源使用量中的占比却从 24%下降至 13%。就技术方面来看，尽管我国新能源及其相关产品的专利申请量较为领先，但关键与核心性的技术创新却较为贫乏。诸如风能技术、生物能源技术以及太阳能技术的专利文献申请量分别仅占世界总量的 22%、11%和 13%，其中发明专利仅占 55%。[②] 就生产方面来看，我国新能源产品的产量位居世界前列，诸如 2015 年光伏组件产量约为 43GW，占全球总量（60GW）的 71.7%，且这一产量连续七年位居全球第一。

然而，我国新能源生产力在发展过程中仅出现了数量的膨胀，而乏于质量的提升。诸如我国光伏企业大多集中于产业链中下游的太阳能电池、组件封装等一系列低端产品生产，鲜有能够生产出纯度为 11 个 9 的多晶硅高端产品。[③] 更令人忧心的是，随着世界各国新能源产业的不断发展，国际市场形势的不断变化以及新能源核心竞争力的不断更新，各国对新能源方面的扶持政策也在不断调整以获得自身利益的最大化。我国新能源产业对海外市场的过高依赖必然会承担国际市场波动的风险，受 2012 年国际主要市场"双

①　根据世界银行数据库相关数据计算而得。
②　刘雪凤、郑友德："论我国新能源技术专利战略的构建"，《中国科技论坛》2011 年第 6 期。
③　张晖："中国新能源产业潮涌现象和产能过剩形成研究"，《现代产业经济》2013 年第 12 期。

反"贸易政策的影响,该年我国光伏电池产品出口额仅为 149.7 亿美元,出口同比下降 42.1%,直至 2014 年才有所回暖。

在经济全球化的视野下,新能源发展问题已经成为涉及经济、政治、资源和环保等诸多领域的一个重要且迫切的问题,在新能源产品的国际竞争中赢得更多的话语权甚至可能影响一国的国际经济、政治地位重建等重大问题。当然,新能源发展也已经成为各国学者所关注的焦点问题,各国学者纷纷就此问题展开了颇多探索,并形成了一定的理论成果。

然而,通过文献挖掘可以发现,现有关于新能源发展的研究大多比较零散,缺乏统一的框架,这使得现有的新能源发展问题探究尚缺乏完整性。若理论研究存在缺陷,实践环节就可能随之出现漏洞。因此,基于马克思主义政治经济学视角,构建一个关于新能源发展的系统理论框架成为理论界和实践工作者共同关注的重要课题。例如,新能源的经济学内涵是什么?新能源发展的运行逻辑是什么?如何才能使政府对新能源方面的扶持达到事半功倍的效果?如何才能提升新能源发展的核心竞争力?如何才能使消费者选择新能源产品以替代传统能源产品?如何才能在脱离政府扶持之后实现新能源企业的自生能力?这些都是促进新能源健康和良性发展亟须解决的重要问题。

基于上述现实背景和理论使命,本研究尝试从马克思主义政治经济学视角出发,赋予新能源以经济"力"的内涵,提出"新能源力"的概念,构建新能源力系统,并分析其系统结构、系统环境、演化内涵和特征、动力机制等。针对我国新能源力系统运转中出现的现实问题反思政府扶持的作用逻辑,并具体对新能源力系统不同环节中的政府扶持效果进行实证检验,最终为新能源发展提供一个系统全面的政策体系,以期为形成一个结构稳定、功能完备、运转协调、过程连续、可持续运转的新能源力系统提供有价值的参考。

二、研究意义

随着社会的发展,现实经济条件与数百年前马克思所处的年代相比已经发生了翻天覆地的变化,马克思经济理论的部分假设前提条件可能不再与现实相吻合,这就致使其部分理论观点在现实经济条件下的解释力度有所削弱。马克思主义政治经济学理论创新的一个重要内容就是对基础理论范畴进行拓展与创新,若不能与时俱进地对基础范畴进行发展与延伸,就难以真正推动马克思主义政治经济学的进一步发展。新能源力系统理论是根据马克思主义政治经济学方法论并结合现实经济实践而提出的一个新视角,试图为马克思主义政治经济学在具体领域的新应用提供一个范例,同时,也希望本研究能够对新能源的良好发展提供一定的实践价值。

(一)理论意义

首先,基于马克思主义政治经济学视角探究新能源发展,能够丰富和拓展能源经济学、资源环境经济学、物理和化学等学科对新能源相关方面的研究。本研究侧重于探索新能源发展背后的经济关系,突破自然科学领域将其仅仅视为一种物质材料的"界桩",拓展现有经济学研究将其仅仅视作社会生产中一个要素的内涵。现有研究缺乏新能源的相关经济学术语,更鲜有马克思主义政治经济学视角的分析,这显然是理论界的一处空缺。马克思在将自然资源、技术、劳动或是资本等要素纳入经济学范畴时,就赋予其经济"力"的内涵,而后探索这些"力"背后的经济关系以及对经济所形成的作用力。遵此逻辑,本研究赋予"新能源"以"力"的内涵,从而围绕经济力和经济关系的辩证逻辑构建新能源力系统,以分析新能源发展问题。

其次,将新能源力视为经济学上的合力系统,运用系统方法研究新能源力的结构、环境、演化特征、动力机制等,在一定程度上深化了马克思经济学中的系统研究方法。马克思在研究人类社会发展时,首先将其视为一个整体性的系统,而后将资本主义经济看作其中一个阶段进行剖析,具体阐述资本主义经济这个子系统的发展规律。这就说明我们在分析问题时必须有整体的视野,也同时需要具备局部的目光。现有探究也有基于系统视角研究新能源发展的,但多数从物理系统的视角出发。事实上,新能源发展会对可持续经济产生重要影响,因此,我们有必要从经济学意义上的系统视角出发,分析新能源力系统的运转问题。

最后，为现有关于新能源发展的零散研究提供一个系统的框架，这是科学全面分析新能源发展问题的一个必然要求。现有研究缺乏关于新能源发展在经济学意义上的系统性理论框架，只是比较零散地研究新能源产业发展中的某一个环节，这样就会出现"头痛医头、脚痛医脚"的局部性探索，缺乏全局性的考量。本研究在探索新能源发展时，首先将其视为一个系统，其次分析系统的运转规律和分力之间的辩证运动，接着从第六章开始，将政府有关新能源技术、生产和消费的不同扶持方式及效果进行全面的分析和检验。这就使得"为何在政府大力扶持下我国新能源消费力仍旧低迷、技术力仍然缺乏自主性"等问题的解释变得非常容易。

（二）现实意义

首先，以系统的视角探究新能源发展问题为我国现实经济条件下新能源技术、生产和消费等方面的问题提供了科学的解释，厘清了这些问题的根源和本质。目前，我国诸多学者将新能源技术低下归结为研发补贴不足、自主创新动力不足；将新能源生产环节的产能过剩问题归结为重复生产、过度投资、政府干预等；将我国新能源产品消费低迷归结为缺乏补贴、产品价格过高、使用不便利等。但仔细琢磨就可以发现，几乎所有的文献和研究并未从一个系统的视角将这些问题串联起来考虑，这就难以从本质上厘清新能源发展中出现问题的微观机制和宏观逻辑，导致新能源发展中所出现的问题难以得到妥善处理。因此，采用系统方法基于整体的视角看待新能源力系统的微观机制和宏观逻辑，可以有效地激发新能源力系统自主运行的能力。

其次，为政府对新能源发展所实施的不同扶持方式提供了客观的分析和比较，这为我国新能源发展的长远规划、结构升级和竞争力提升等提供了理论上的借鉴。比如，对于新能源消费能力的提升，将政府在这一方面的举措归纳为价格补贴和加大配套基础设施建设两大类。那么，这两种关于新能源消费的扶持方式在实施过程中对新能源产品消费能力提升的作用机制如何？效果如何？在实施过程中是相互排斥、相互补充还是承前启后？只有分析清楚不同扶持方式的作用逻辑,才有可能使政府对新能源发展的扶持起到事半功倍的效果。

最后,本研究从新能源发展的整体性视角提出一套逐步分层次的系统性对策建议,以期能够为我国形成一个结构稳定、功能完备、运转协调、过程连续的新能源力系统提供有益的指导。目前针对新能源发展的政策建议缺乏系统性,现有文献虽指出政府扶持存在问题,但未能系统性逐步分层次分析政府扶持效率难以提升的"症结"所在。因此,有关新能源的政府扶持必须遵循"外力内化"的目标,注重协调新能源力系统各个系统分力之间的关系,才能使得其在脱离政府扶持后也能可持续运转。

第二节　研究思路与研究方法

一、研究思路

本研究的主要目的在于探索如何形成一个结构稳定、功能完备、运转协调、过程连续、可持续运转的新能源力系统,从而激发其对可持续经济发展的作用力。从这一目的出发,本研究形成了如下的研究思路:首先,赋予新能源以经济"力"的内涵,提出"新能源力"概念,在此基础上构建新能源力系统并分析其演化特征、动力机制,进一步探究其市场逻辑与政府扶持机理。其次,具体对新能源力系统分力——新能源技术力、新能源生产力和新能源消费力进行理论和实证检验,并着重分析不同政府扶持方式的作用效果。最后,结合我国新能源力系统的现实情况,本研究提出了一套分层次的系统性政策体系。具体安排如下:

第一章为绪论。该部分首先阐述了本研究的背景和意义,其次对研究思路与研究方法进行了梳理,接着概括介绍了本研究的创新点、不足之处和需要改进的方向。

第二章为新能源力理论溯源及发展脉络,具体梳理了关于自然力的研究、马克思经济学的系统思想以及国内外关于新能源的相关研究三个方面。首先,自然力是我们提出新能源力的思想来源,本研究对古典政治经济学的自然力思想、马克思的自然力思想以及自然力的后续发展进行了归纳和总结;其次,马克思的方法论是新能源力的系统方法来源,本研究对经济学视角下的系统内涵、马克思经济学的系统思想以及马克思主义经济学中系统思想的扩展研究进行了梳理;接着从技术、生产、消费、政策以及系统视角对新能源的相关研究进行了总结。这三方面的文献挖掘为本研究夯实了理论基础。

第三章为新能源力系统的理论分析。首先,基于马克思主义政治经济学视角,提出"新能源力"概念,即从系统视角来看,新能源力是一个由新能源替代力、新能源技术力、新能源生产力和新能源消费力四大分力按照一定的关系耦合而形成的系统合力;从整体效果来看,新能源力是为了替代传统能源体系,在新技术基础上,对新能源及其相关产品进行生产和消费的能力,进一步形成对可持续经济发展的作用力。其次,从经济力与经济关系的辩证逻辑出发,构建了新能源力系统理论框架,并分析了其系统结构、系统环境、演化内涵、演化特征以及系统分力之间的辩证运动关系。

第四章为新能源力系统的市场逻辑与政府扶持研究。我们既要重视市场对资源配置的决定性作用,也需要考虑更好地发挥政府的功能。新能源力系统的市场失灵和市场悖论使之在市场经济条件下缺乏内在动力,但是新能源力具有未来利益,在市场条件还不成熟的情况下,亟须政府在发展初期对其进行扶持和引导,以期在撤销政府扶持之后能够形成其可持续的运转动力。因此,本章首先介绍了新能源力系统的动力源和动力机制;其次,阐释了新能源力系统的市场逻辑;最后对新能源力系统初期运转的政府扶持机理进行了剖析。

第五章为新能源技术力的理论与实证研究。新能源技术力是指新能源企业进行技术创新和技术扩散的能力,本研究主要选择新能源技术创新力进行了研究。与新能源技术创新力有关的政府扶持方式主要可以概括为研发补贴、生产补贴和征收污染税费三大类。这一章首先构建了新能源企业的研发决策模型,其次着重考虑上述三种政府扶持方式对新能源技术创新力的作用逻辑,接着采用系统广义矩估计方法,对我国新能源上市公司的相关数据进行了实证检验。

第六章为新能源生产力的理论与实证研究。新能源生产力是指新能源企业进行新能源产品生产的能力,并且在本研究中以生产效率衡量之。关于新能源生产力方面的政府扶持主要为生产补贴。在此基础上,这一章首先构建了新能源生产力模型,并分析了生产补贴对新能源生产力的作用机制;其次采用 DEA 方法测算了我国新能源上市公司 2007—2015 年的生产效率;最后采用 Tobit 模型检验了生产补贴及其他因素对我国新能源上市公司生产效率的作用效果。

第七章为新能源消费力的理论与实证研究。新能源消费力是指消费者对新能源产品进行消费的能力。政府关于新能源消费方面的扶持方式可以归纳为价格补贴和加大配套基础设施建设两大类。基于此,首先构建了新能源产品消费能力模型,并阐释价格补贴和加大配套基础设施建设对新能源消费力的影响路径;其次,采用动态数值模拟方法对上述模型进行检验,并对新能源消费力的演化过程进行了分析;最后,通过美国新能源汽车消费的相关数据进行了实证检验。

第八章为我国新能源力系统的现状分析与政策建议。从整体效果来看,虽然难以找到精确的指标或者全面的数据衡量新能源力对可持续经济的作用力,但不可否认的是,其对可持续经济发展的作用力主要表现为经济效益和环境效益,因此,这一章首先就对我国新能源力经济效益和环境效益的现实情况和未来潜力进行了分析;其次,从政府如何才能有效扶持新能源力系统初期运转出发,认为其应该遵循"外力内化"的目标,对于新能源替代力,应该"化被动使用为主动使用";关于新能源技术力,应该"化税费返还为研发补贴和知识产权制度的完善";对于新能源生产力,应当"化低端产品数量激增为高端产品创造";对于新能源消费力,应该"化直接的消费补贴为基础设施建设和消费者消费预期培养"。

二、研究方法

考虑本研究的目的和思路,我们主要采取了文字逻辑与数理逻辑相结合、具体与抽象相结合、系统分析、理论与实证相结合等多种研究方法。

1. 文字逻辑与数理逻辑相结合的方法

在经济理论中适当和科学地运用数学方法,不仅可以更加准确和精确地表达理论,还可以检验结论是否符合理论预期,是否与前提存在矛盾性,从而可以增强文字论述的说服力。[①] 我们在研究的过程中,尝试将文字逻辑和数理逻辑相结合来分析新能源力系统问题。首先,运用文字逻辑阐述"新能源力""新能源力系统""新能源替代力"等相关概念,以及新能源力系统运转的演化特征和动力机制等。其次,在考虑政府对系统各个环节的影响作用时,细分不同环节不同的政府扶持方式对新能源力系统分力所带来的影响,当然这种影响可能是正向的、反向的或者不确定的。仅用文字逻辑可能难以逐一厘清,所以我们采用数理逻辑分析方法与之结合,包括动态优化分析、微分分析以及系统模型分析等,目的就是在于推出与文字逻辑相一致的结论,以验证其合理性和科学性。

2. 具体与抽象相结合的方法

从具体到抽象是马克思主义经济学的一个重要研究方法,比如马克思在分析资本主义生产方式时,将"商品"比喻为资本主义经济运行的一个细胞,在具体分析"商品"的特性时,马克思又抽象出了"价值"这一内涵,此后,又具体分析了"利息""地租"等现实问题。又比如,马克思在分析自然资源、劳动等资源对经济的作用时,将这种影响作用抽象为"力",从而赋予"自然资源"

---

① 吴易风:《当前经济理论界的意见分歧》,中国经济出版社 2000 年版,第 3 页。

"劳动"等以"力"的内涵，于是就有了"自然力""劳动力"的概念，而后又具体分析了自然力、劳动力与资本主义工业生产之间的关系。只有对具体的经济运行方式进行高度的抽象才能使理论经济学有较强和较为清晰的解释力，否则难以洞悉现实经济活动的本质，也难以探究经济运行的规律。这一方法为我们对新能源的研究提供了一个精妙的逻辑。本研究从新能源对经济的作用关系出发，抽象出"新能源力"的概念，按照新能源"出发点—研发—生产—消费"的运行过程，将这一过程抽象为一个整体的系统，并且是由新能源"替代力""技术力""生产力"和"消费力"四大分力所构成的合力系统。本研究还进一步从抽象到具体，分析了我国新能源力系统运转过程中各个环节所存在的问题。

3. 系统分析的方法

唯物辩证法是马克思主义经济学研究的本质方法。按照唯物辩证法的思想，任何事物都不是一种孤立的存在，而是相互联系、相互作用和相互影响，并在一定的系统环境之中按照一定的规律进行演绎或者发展，从而形成一定的功能。系统分析方法是指将要研究的事物看作一个系统，这个系统是由诸多要素或者子系统所构成，对要素或子系统之间相互作用、相互联系以及与外部环境之间的动态变化进行分析，才能看清系统的问题，从而进行针对性和全面性的解决。系统方法正体现了唯物辩证法的哲学意蕴，它还结合了数学、运筹学等学科的具体表示方法，这为我们提供了一个较好的研究路径。本研究首先将要研究的对象"新能源力"视为一个合力的系统，进而探究其系统分力新能源"替代力""技术力""生产力"和"消费力"之间的联系和作用机制，进一步分析外部环境中的政府扶持是如何用于新能源力系统的。

4. 理论与实证相结合的方法

在定性分析的基础上进行科学的定量分析一直是马克思主义经济学研究方法的一个重要方面。本研究采用理论叙述在前、实证检验在后的逻辑顺序展开。基于马克思主义经济学自然力、技术力和生产力的思想，构建了新能源力系统理论，进一步对新能源力系统的演化特征、系统分力的辩证运动和动力机制进行了分析。数理逻辑的应用会使文字论述更加严密,合理的实证检验方法会使论证更加科学。因此,在详细论述政府扶持对我国新能源替代力、技术力、生产力和消费力的作用机制时,我们采用了数理模型推导,在此基础上,根据模型特点和数据性质,分别采用了广义矩估计、DEA 效率测算、动态模拟以及小波滤波等实证分析手段,以更加细致和精确地分析我国政府不同扶持方式对新能源替代力、技术力、生产力和消费力的影响效应。

第三节　创新点与不足之处

一、主要的创新点

本研究的创新点主要体现为以下几个方面:

第一,"新能源力"概念的提出为我国提升新能源发展方面的研究提供了一个新视角。现有研究对新能源的理解一直未能达成共识,而且缺乏关于新能源的相关经济学术语,更鲜有政治经济学视角的分析,这显然是理论界的一处空缺。本研究尝试基于马克思主义政治经济学视角,提出"新能源力"这一概念,探索新能源发展背后的经济关系。厘清新能源力系统分力以及它们之间的相互关系,才能探清新能源力系统可持续运转中所存在的问题。比如,我国新能源发展陷入低迷的重要原因应与消费能力不足有关,也就是新能源产品消费作为发展新能源的目的和最终环节对于新能源技术创新和生产的反作用力不强,所以解决新能源消费能力不足的问题才能提高其对技术力和生产力的反作用力,否则新能源将难以可持续发展。高度而准确的抽象是提升经济理论研究解释力的一个重要路径,否则难以洞见经济活动的本质和某个环节中所出现的问题。因此,从马克思主义政治经济学视角提出"新能源力",为关于新能源发展方面的研究提供了一个新视角。

第二,新能源力系统的构建为有关新能源发展方面的研究提供了一个新框架。目前的文献只是比较零散地、平面地研究新能源产业发展的某一个环节,缺乏全局性的考量。本研究一方面以经济力与经济关系的辩证逻辑为线索,将新能源力视为一个系统,构建了一个有关新能源发展的经济学意义上的系统性理论框架;另一方面,对不同政府扶持方式作用于新能源力系统不同分力的作用效果进行了系统的分析,现有文献不乏关于新能源相关政策效果的研究,然而并未建立在新能源发展各个环节相互关系的基础上,也并未抽离出政府扶持的目标和原则,这就使得分析缺乏一定的逻辑主线。本研究基于新能源力系统运转为逻辑主线,分别研究了政府扶持与新能源技术力、新能源生产力、新能源消费力的作用逻辑。此外,在实证研究中,也进行了一些新的计量方法的尝试,比如通过动态模拟和小波滤波等计量方法对有关新能源方面的政策扶持效果进行了检验。

第三,遵循"外力内化"的目标,提出了一套逐步分层次的系统性政策体系。现有文献虽也指出我国政府有关新能源方面的扶持存在问题,但对新能源发展的政策建议缺乏系统性,因此只能是"头痛医头、脚痛医脚"的局部性探索,难以探寻"症结"之根本,从而难以系统性、整体性地解决问题。新能源力系统分力之间环环相扣,有关新能源发展方面的政府扶持必须协调系统分力之间的关系,以期在撤销政府扶持之后形成其可持续运转动力。比如,尽管我国现在新能源产品的生产量巨大,但是由于缺乏新能源核心技术,那么巨大的生产力也只是低端的生产力,这就可能致使我国新能源消费市场萎靡不振。本研究提出,在新能源替代力环节,应该"化被动使用为主动使用";在新能源技术力环节,应该"化税费返还为研发补贴和知识产权制度的完善";在新能源生产力环节,应当"化低端产品数量激增为高端产品创造";在新能源消费力环节,应该"化直接的消费补贴为基础设施建设和消费者消费预期培养"。

二、不足之处

　　尽管关于新能源发展的研究起步较晚,但是由于新能源问题涉及诸多学科,包括资源环境学、能源学、社会学等,所涉内容十分庞杂。由于数据、资料的可获得性以及时间的稀缺性,文中还存在一些不足和缺憾,当然这也会成为未来研究工作的重要方面。

　　第一,关于新能源力系统的理论框架还不够完善和缜密。由于"新能源力"这一概念是本研究首次提出,尽管这一思想来源于马克思主义政治经济学中的"自然力"①,但两者之间又存在巨大的差异性,自然力是完全不包含人类劳动的,新能源力考虑了人类劳动,它本质是一种经济力。马克思在分析自然力时,主要是强调其对生产的作用力,并未深入探究自然力系统的结构或功能。本研究的目的就在于分析新能源力系统的运转情况,因此,主要侧重于新能源力系统的内部结构和运转状况。当然,在真正从经济力与经济关系的辩证逻辑出发构建并阐明新能源力系统理论时,由于笔者知识掌握的局限性与能力的有限性,本研究可能对新能源力的内涵分析还不够全面,对新能源力系统框架的构建还不够严谨,今后也会进一步完善。

　　第二,未能构建一个合适的指标在整体上精确地测度新能源力。本研究指出在整体效果上来看,新能源力是指为了替代传统能源,在新技术基础上,生产和消费新能源产品的能力,进而形成的对可持续经济发展的作用力。但由于新能源产业链涉及诸多方面,构建指标体系十分庞杂,加之由于新能源起步较晚,其数据也不全面,因此,难以找到构建合适的指标或者计量模型精确地对其进行测度。本研究认为其对可持续经济发展的作用力大体上可以划分为经济效益和环境效益,因此,仅在第八章对新能源力经济效益和环境效益的现实情况和未来潜力进行了简要分析。未来的研究中,笔者将尽量完善新能源力的整体性度量。

---

　　①　如果不做特殊说明,本研究所指自然力都是指狭义的自然力,即自然界中的自然力。

　　第三,由于数据的可获得性,本研究的实证检验还存在一些不足。主要表现在政府扶持与新能源技术力的实证检验中,由于缺少新能源上市公司直接接受政府给予的研发补贴数据,只查阅到新能源上市公司所受到的补贴总量数据,因此,在进行实证研究时并未分开研发补贴和生产补贴对新能源技术力的影响,这就难以区分研发补贴、生产补贴对我国新能源技术创新力的作用效果。如果能够找到更为具体的数据,有更好的实证方法,笔者也将进行进一步的探究。

第二章 新能源力理论溯源及发展脉络

"新能源力"这一概念的思想来源于马克思经济学中的"自然力"思想,马克思经济学中的系统思想又为新能源力系统的构建提供了方法论基础。本章首先对自然力的相关研究进行挖掘,其次对马克思经济学中的系统思想以及后续扩展研究进行梳理,最后就理论界关于新能源技术、生产、消费、政策以及系统方面的研究进行介绍,以期为后续研究提供理论基础。

第一节 新能源力的思想追溯:自然力理论

自然力在经济学方面的研究在马克思、恩格斯之前就已经受到关注,古典政治经济学家也对自然力进行了诸多研究,长期以来形成了丰富的观点。这些思想虽然还不能形成完整的体系,但也为自然力的进一步研究奠定了基础。之后,马克思主义经济学关于自然力的研究形成了更为丰富的成果。

一、古典政治经济学的自然力界定

提起自然力的重要作用时,人们首先想到的就是威廉·配第(William Petty)在其《赋税论》中所提出的"劳动是财富之父,土地是财富之母",他虽然已经认识到了自然(土地)对于生产的重要作用,但并没有进一步系统地阐述自然力的经济学含义。

法国的让·巴蒂斯特·萨伊(Jean-Baptiste Say)是最早正式定义自然力的经济学家,他指出,"自然力这个名词,这里是按非常广泛的意义使用的。它不但包括对价值创造起贡献作用的无生物,而且包括自然规律如使钟摆下垂的引力,使指南针朝向一定方向的磁力,钢的弹力,大气的重力,热的自行发火性能等"[①]。也就是说,萨伊将自然力定义为纯粹自然的,没有添加人的因素在其中的,但是能够对生产起作用的一种自然资源力量。诚如其进一步指出,"劳动除借助于资本即劳动自己从前所创造的产品以创造别的产品外,同时还利用各种各样的其他因素的力量。这些因素不是劳动自己创造的东西,而是自然赐给人类的东西。通过这些自然力的合作,劳动把一部分效用给予各种东西……自然力这种作用,我叫作自然力的生产作用"[②]。

亚当·斯密(Adam Smith)也对自然力进行了论述,但是他仅仅看到了以土地为主要代表的自然力范畴,因此就将自然力对生产的作用局限在了农业领域。他说:"农业的最重要的作用,与其说是增加大自然的生殖力(虽然也使这种生殖力有所增加),不如说是指引大自然的生殖力,使之生产于人类最有利的植物。"[③]

约翰·穆勒(John Stuart Mill)将自然力定义为提供动力的物质材料,进而就可以归结为自然资源和提供动力的物质(风力、水力等)两大类。

值得一提的是,弗里德里希·李斯特(Friedrich List)虽然没有直接使用

①　萨伊:《政治经济学概论》,商务印书馆1963年版,第73页。
②　萨伊:《政治经济学概论》,商务印书馆1963年版,第72—73页。
③　亚当·斯密:《国富论》(上),陕西人民出版社2001年版,第408页。

"自然力"这三个字,但是他使用了"自然生产能力"或者"自然能力"这样的术语来反映自然力与生产之间的关系。他认为,"国家从个人的身心力量,从社会、政治状况和制度,从它所掌握的自然资源,或者是从它所拥有的作为以前个人身心努力的物质产品的工具中(即物质、农业、工业和商业资本)获得了生产能力"[①]。

二、马克思的自然力思想

马克思在其《资本论》中系统地分析了自然力的思想,并给出了最为广泛的定义,他将自然力归为三个方面:一是自然界的自然力;二是社会的自然力;三是人自身的自然力。

首先,自然界的自然力就是指存在于自然界中并没有加入人类劳动的自然资源对经济所产生的作用力。他曾指出:"大工业把巨大的自然力和自然科学并入生产过程,必然大大提高劳动生产率,这一点是一目了然的。"[②]

其次,社会的自然力是指由社会分工和协作而产生的自然力。马克思说,"由协作和分工产生的自然力,不费资本分文。它是社会劳动的自然力"[③]。这里其实是利用"1+1>2"的原理。在资本主义生产方式中,资本家雇佣劳动力并且对每个劳动者支付报酬,但是这些劳动者集中在一起工作,进行分工和协作会形成一种"合力",这种"合力"大于其给单个劳动者支付报酬的总和,那么,这多出来的部分就是社会的自然力。正如马克思所指出,"我们把协作看作是一种社会劳动的自然力,因为单个工人的劳动通过协作能达到他作为孤立的个人所不能达到的生产率"[④]。

最后,人自身的自然力就是指人的器官组合之后所产生的力量。这里包括客观和主观两个方面,就客观方面来看,就是指人与自然相对,在劳动过程

---

① 弗里德里希·李斯特:《政治经济学的国民体系》,华夏出版社 2009 年版,第 163 页。
② 马克思:《资本论》(第 1 卷),人民出版社 2004 版,第 444 页。
③ 马克思:《资本论》(第 1 卷),人民出版社 2004 年版,第 443 页。
④ 《马克思恩格斯全集》(第 47 卷),人民出版社 1979 年版,第 293 页。

中所发挥出来的力量,即"人自身作为一种自然力与自然物质相对立。为了在对自身生活有用的形式上占有自然物质,人就使他身上的自然力——臂和腿、头和手运动起来。当他通过这种运动作用于他身外的自然并改变自然时,也就同时改变他自身的自然。他使自身的自然中沉睡着的潜力发挥出来,并且使这种力的活动受他自己的控制"①。就主观方面来看,它是指知识或者技能被保存在劳动者身上,劳动者在劳动过程中展现出来,但是这种性质的知识或者技能不会带来更多的回报。"劳动的富有活力的自然力的表现就在于,它利用、消耗材料和工具时,以某种形式把它们保存下来;正像不是过去劳动的产物或不是要重复进行的过去劳动的产物的劳动的一切自然力或社会力一样,劳动的这种自然力(例如工人的历史发展等)是资本的力量,而不是劳动的力量。因此,资本是不给它报酬的,正像资本并不因工人会思考而付给他报酬一样。"②

三、关于自然力的后续探索

对于自然力这一概念的界定,多数学者从马克思经济学视角展开了进一步的阐释、拓展或者应用。诸如肖海鹏、陈崖崖(1991)认为自然力就是某些事物本身自然就具有的一种作用力,可能在自然因素中,也可能在社会因素之中。刘静暖(2009)在经济学视域下对自然力的内涵进行了进一步的挖掘,她首先将自然力区分为广义和狭义。广义的自然力是指自然物质对人类的影响能力,具体指自然给人们所带来的使用价值、作用于其他物质的能力以及承受其他物质冲击的能力。狭义的自然力是指在一定技术水平下,能够提升人类福利的一种能力,具体可以分为自然资源和环境自然力。此外,刘静暖还提出了灾害自然力,这与狭义的自然力相对,是指会减弱人类福利的一种能力。崔永和(2016)指出,自然力是纯粹源于自然界,由自然物质相互作

---

① 马克思:《资本论》(第1卷),人民出版社2004年版,第208页。
② 《马克思恩格斯全集》(第47卷),人民出版社1979年版,第514、515页。

用而形成的一种力量,在人的作用下可能形成自然生产力。此外,还有一些学者,将自然力视为自然资本,诸如仇睿、姚俭建(2002);杨充霖、文先明(2006);诸大建、朱远(2008)等。

由上可见,自然力的界定经历了一个从狭窄到宽泛、从模糊到清晰的过程。但是由于在理解上的歧义,现在学者在论及自然力时也多出于狭义的视角,并且还有许多社会科学研究者也仅仅将自然力视为一种资源、环境或者是生态物质,并没有真正关注经济学视角下"自然力"的内涵。本研究接下来所探讨的"自然力"是基于马克思关于自然力界定中的第一种内涵,即强调自然力是存在于自然界中并没有加入人类劳动的自然资源对经济所产生的作用力。

第二节　新能源力的系统研究方法
追溯:马克思的方法论

系统思想源远流长,蕴藏于古典先贤的诸多论述中,但其真正兴起是在20世纪30年代。著名理论生物学家、一般系统论创始人贝塔朗菲(Ludwig von Bertalanffy)于1937年提出了一般系统理论的初步架构,并于1945年在《德国哲学周刊》上发表了题为《关于一般系统论》的文章。但是由于战争背景原因,这并未引起人们的注意。直至20世纪下半叶,现代系统论才在学术界和实践界备受关注并取得了瞩目的成就。当时,美国和西欧的"系统运动",苏联和东欧的"系统研究热潮",日本的新行业"系统工程业"以及我国哲学界的"系统热"引发了系统研究的浪潮。这不仅丰富和拓展了自然科学,也延伸了哲学的方法论,同时对整个社会发展起到了重要的影响作用。受这一股热潮的影响,在改革开放初期,"基于运筹学、控制论、信息论、系统论等系统科学之上的现代科学方法"①曾被特别指出需要纳入马克思主义经济学研究范式之中,以补充、完善和创新其发展。但纵观近几十年的研究,国内外关于马克思主义经济学范式中系统思想的研究虽取得了一定的成果,但并未有实质上的飞跃或是突破性的进步。

一、经济学视角下系统的内涵

自古以来,关于系统的研究和讨论颇为丰富,涉猎范围甚广,在数千年的自然科学和社会科学发展中起到了重要作用。纵观系统思想的发展脉络,大致可以分为古代、近代和现代三大时期。

（一）系统理论的思想渊源与发展脉络

古代的思想家虽未明确提出系统概念,但是他们在对事物的本原、形成、层次等问题进行思考时,已经在使用系统的逻辑。例如,《老子》第四十二章中认为"道生一,一生二,二生三,三生万物",这就体现了由简单到复杂的思想;亚里士多德（Aristotle）的"总体大于它们的各部分之和"这一论断至今仍在系统理论的相关书籍中频频出现,卢克莱修（Titus Lucretius Carus）的《物性论》也表达了与此观点较为类似的思想;在屈原的《天问》和柳宗元的《天对》中,诸多表述皆体现出了系统的演化和复杂性等问题。虽然古代系统思想有关复杂性、演化等观点已经显现出诸多合理的部分,但是由于当时时代的限制,必然会存在一些猜测的成分。

近代的系统理论是从文艺复兴开始的,冲破了中世纪教会的思想禁锢,为物理学、化学、生物学以及经济学、社会学等学科提供了一种新的表达方式。但是,这一阶段的系统理论丢弃了古代系统理论中的一般系统观等重要思想,过分强调还原论②,从而丢弃了整体观、层次性、系统演化等重要思想。这一时期的代表人物包括弗兰西斯·培根（Francis Bacon）、勒奈·笛卡尔

---

① 曾启贤:《中国大百科全书·经济学卷》,中国大百科全书出版社1988年版,第639页。
② 还原论是指对于任何复杂的事物都可以通过它的组成部分去剖析,因此对于复杂事物的规律探究也可以通过它的各个组成部分的运动规律去总结。

(Rene Descartes)、伊萨克·牛顿(Isaac Newton)、伊曼努尔·康德(Immanu-el Kant)、查尔斯·达尔文(Charles Darwin)等。

现代系统思想是针对近代系统思想呈现的不足或局限应运而生的,始于20世纪30年代的一般系统理论。贝塔朗菲(Bertalanffy,1973)十分重视整体观的重要性,多次提及亚里士多德的"整体大于部分之和"这一论断,创立了一般系统理论。[①] 但这一理论着重于定性分析而缺乏定量研究。在此后的十多年里,维纳(Wiener)的控制论和香农(Shannon)的信息论则从定量的角度上丰富了这一理论。自此,"三论"(一般系统论、控制论、信息论)的诞生标志着现代系统理论的真正崛起。20世纪60年代以后,以"耗散结构理论、协同学和突变理论"为核心组成的"新三论"又掀起了系统科学的一波热潮。20世纪80年代之后,混沌理论的诞生打破了确定性和不确定性之间的隔阂,在此基础上,诸多系统论研究者不约而同地展开了对复杂性(Complexi-ty)的研究。1984年美国墨西哥州圣菲研究所(Santa Fe Institute,SFI)还以复杂性为中心议题出版了一系列的专著和论文。1995年,美国学者霍兰(J. H. Holland)将诸多复杂性的成因都归因为适应性,从而提出了复杂适应系统(Complex Adaptive System,CAS)概念,这是现代系统理论的又一次突破性发展,现代系统研究进入了一个更加实际和可操作的层面。

(二)系统的经济学内涵

"系统"[②]这一概念在被不同学科使用的过程中,出现了至少两个层面上的界定:一是系统学意义上的系统概念,即应用于自然科学领域,偏于技术分析;二是系统论意义上的,即在哲学领域应用系统这一概念时的内涵(王朝科,2011)。那么,这两个层面的系统界定区别在何处? 这就需要探究自然科学领域和社会科学领域在系统这一概念使用上的侧重点有何不同?

"系统"是一个交叉学科的概念,不同学科因研究目的和研究方法的差异而对其理解呈现差异。在以系统工程为核心的自然科学领域,广泛使用的是

[①]　Bertalanffy von. "General System Theory". New York：George Breziller, Inc. 1973, p. 33.

[②]　本研究以下所指的系统概念,均是指现代系统理论。

钱学森(1982)关于系统的定义,即系统是"由相互作用和相互依赖的若干组成部分结合而成的具有特定功能的有机整体"①。而社会科学领域则一直沿用系统理论的创始人贝塔朗菲(Bertalanffy,1973)的定义,即认为系统是"相互作用的多元的复合体"②。前者重在强调系统功能的特性,而后者则主要强调系统是相互联系、相互作用的诸因素所组成,即注重"元素之间的相互作用和系统对元素的整合作用"③。

毋庸置疑,经济学属于社会科学领域,因此,在系统论与经济学相结合的研究中,通常采纳贝塔朗菲(Bertalanffy,1973)的系统定义。此后,诸多学者对该定义进行了更加精确化的表述,如范业强等(1983)认为"系统是具有特定功能的,相互间具有有机联系的许多要素所构成的一个整体"④;陈禹、钟佳桂(2006)将系统定义为"由一些元素(子系统、部件)通过相互作用、相互关联、相互制约,组成的具有一定功能的整体"⑤。此外,还有许多经济学者对系统进行了界定,诸如王朝科(2011)曾经给出了一个经济学意义上的界定,即"系统是由相互联系、相互制约和相互作用的不同要素组成的、具有特定功能和反映一定经济关系的整体"⑥。虽表述略有差异,但不难看出,其核心要旨是一致的,在经济学领域,系统应该包含如下三层含义:一是由相互联系、相互作用和相互制约的要素所组成的一个整体;二是具有一定的结构和功能;三是能够反映一定的经济关系。那么,系统方法就是将研究对象放在系统的框架下进行研究,以系统的方法加以审视和检验,从而获得最优化的结果。根据这一界定,综合前人的研究成果,我们认为系统具有整体性、联系性和动态性三大特点。

---

①　喻湘存、熊曙初:《系统工程教程》,清华大学出版社、北京交通大学出版社2006年版,第3页。

②　Bertalanffy von,General System Theory. New York: George Breziller,Inc. 1973,p. 33.

③　苗东升:《系统科学精要》,中国人民大学出版社2006年版,第20页。

④　范业强、张敬东、李克柔:"谈马克思政治经济学方法理论中的系统思想",《天津社会科学》1983年第4期。

⑤　陈禹、钟佳桂:《系统科学与方法概论》,中国人民大学出版社2006年版,第64页。

⑥　王朝科、程恩富:《经济力系统研究》,上海财经大学出版社2011年版,第29页。

二、马克思经济学的系统思想

众多学者在论及现代系统理论的发展时,都会提及马克思的贡献,尤其是国外的一些系统论者。例如,美国学者麦奎里(McQuarrie)和安贝吉(Amburgey,1979)曾指出马克思的"理论工作的主要部分都可以看作是富有成果的现代系统方法研究的先声"[①],甚至波兰的一些系统论者认为马克思是早期"社会科学中现代系统方法的始祖"[②](靳共元、武高寿,1991),并且为"研究社会现象的系统观点奠定了方法基础"[③](鲁品越,1984)。然而,从马克思的诸多论著中可以发现,其并未明确提出系统理论,也未撰写过关于系统论的专著。为何学者总是会将马克思归为系统研究者? 通过对马克思主义经济学后续探索者关于其系统思想研究的文献挖掘,这源于以下三个方面的原因:一是马克思主义经济学的研究对象是一种系统存在;二是马克思主义经济学的研究对象具有系统运动特征;三是《资本论》的基本研究方法——唯物辩证法与系统方法具有内在统一性。

(一)马克思经济学的研究对象是一种系统存在

马克思虽未明确指出其研究对象是一种系统存在,但其诸多表述都已经透露出这一思想,并且关于系统整体性这一重要特征的阐述已经颇为明确。诸如"每一个社会中的生产关系都形成一个统一的整体"[④],"一定的生产方式或一定的工业阶段始终是与一定的共同活动方式或一定的社会阶段联系着的,而这种共同活动方式本身就是'生产力'"[⑤];在阐述生产、分配、交换和消费四大过程时,马克思的表述较为精辟地阐述了其研究对象的系统整体性,"我们得到的结论并不是说,生产、分配、交换、消费是同一的东西,而是

---

① D. 麦奎里、T. 安贝吉:"马克思和现代系统论",《国外社会科学》1979 年第 6 期。
② 转引自靳共元,武高寿:"《资本论》中的系统思想探索",《晋阳学刊》1991 年第 4 期。
③ 鲁品越:"〈资本论〉中的系统思想及其对我们的启示",《中国社会科学》1984 年第 1 期。
④ 《马克思恩格斯文集》(第 1 卷),人民出版社 2009 年版,第 603 页。
⑤ 《马克思恩格斯文集》(第 1 卷),人民出版社 2009 年版,第 532—533 页。

说,它们构成一个总体的各个环节、一个统一体内部的差别。生产既支配着生产的对立规定上的自身,也支配着其他要素。过程总是从生产重新开始……最后,消费的需要决定着生产,不同要素之间存在相互作用。每一个有机整体都是这样"①。

此后,众多马克思主义学者对马克思的系统存在进行了深度挖掘,证明马克思主义经济学的研究对象是一种系统存在(李节、肖磊,2012),具有整体性、联系性等系统特征,并在理论界已经达成了共识。

早在 20 世纪 70 年代,卢卡奇(Szegedi Lukács György Bernát)就曾指出"毫无异议,《历史与阶级意识》的伟大成就之一,在于使那曾被社会民主党的机会主义的'科学性'打入冷宫的总体性范畴,重新恢复了它在马克思全部著作中一向占有的方法论的核心地位"②。他认为,马克思所研究的每一个社会存在都具有双重整体性,一方面,这种社会存在本就是一个整体;另一方面,每一个社会存在又是人类生产和再生产过程这个整体中的一部分。美国学者蒂莫西·希尔(Timothy Hill,1989)认为马克思是方法论上的整体论者,"社会客体有着双重的作用,它既是出发点,又是回复点"③。那么,从本体论来看,作为回复点的社会客体就是指"各个个人的规定和关系"④,从方法论上来看,各个社会客体都可以被描述成一个整体,"在这些整体中,同一个部分由于所处的结构不同,因而会受不同规律的支配"⑤,所以他进一步得出结论,"对马克思来说,整体的极大重要性在于:必须予以改变的是整体,而不仅仅是部分"⑥。范业强等(1983)认为马克思首先是将人类社会视为一个独立系统,而资本主义只是人类社会中的一个阶段。进一步马克思将资本主义生产关系视为一个整体,这个整体是由生产、交换、分配和消费四个子系统相互联系和作用所构成。与此同时,他还指出系统的功能性特征是由"各个

---

① 《马克思恩格斯选集》(第 12 卷),人民出版社 1998 年版,第 749—750 页。
② 卢卡奇:《历史与阶级意识》,杜章智,等译,商务印书馆 1992 年版,第 15 页。
③ 蒂莫西·希尔:"论马克思的整体论",汤伯起译,《国外社会科学动态》1989 年第 9 期。
④ 同上。
⑤ 同上。
⑥ 同上。

经济范畴的不同排列或者不同联系方式"所体现的。林岗和张宇(2000)也进一步指出了马克思主义经济学的方法论原则就是整体主义原则。刘元春(2001)认为马克思的制度分析方法本质上就是一种整体主义的制度分析方法。侯荣华(2005)指出,系统思想原则是《资本论》科学体系构建的一个重要原则,而且马克思突出地应用了整体性的分析方法阐述了资本主义生产方式,并且《资本论》中的"社会有机体""结构""功能"等概念在现代系统科学中也是通用的。李节和肖磊(2012)在文献史梳理的基础上,首先回答了马克思经济学的系统存在性问题,并认为其研究对象具有整体性、层次性、控制性、自组织性等系统特征。

此外,一些学者还从马克思主义经济学中的某个具体理论出发,阐述了其系统整体性思想。诸如,乌杰(2002)就劳动价值论视角论述了整体性思想;鲁品越(1984)指出《资本论》正是从单个商品开始,通过其交换建立联系,从而建立了商品系统的理论模型。

(二)马克思经济学的研究对象具备系统运动特征

上述是马克思主义经济学方法论"静态"视角下的系统研究,即包含对研究对象的系统整体性、联系性、结构性等静态特征的考察,事实上,更为重要的也更有意义的是其在"动态"视域下关于系统如何运动、如何演化及其原因的剖析。

马克思强调,"现在的社会不是坚实的结晶体,而是一个能够变化并且经常处于变化过程中的有机体"①。这句话凸显了马克思首先将社会存在视为一个系统,而且这个系统具有动态性和开放性(李向前,2014)。范业强等(1983)首先指出马克思的研究对象是一个与外界发生物质、能量和信息交换的开放性的系统,正因其开放性,所以其运动的原因来源于内部和外部两个方面,并且外部原因只有在引起内因变动时才能带来系统运动,所以内因才是系统运动的根本原因。鲁品越(1984)认为《资本论》所构筑的系统在纵向上表现为一种系统结构的行程和更替,而且这一切都存在于系统的历史运动

---

① 《马克思恩格斯选集》(第2卷),人民出版社1995年版,第102页。

之中。靳共元、武高寿(1991)指出马克思从抽象劳动和具体劳动两极展开，两者统一又形成了"资本主义生产方式体系的系统范畴群"[①]，且其矛盾发展则表现为一种系统运动。

(三)系统方法与唯物辩证法之间具有内在统一性

从缘起来看，系统方法与唯物辩证法之间并不具有同源性。在 20 世纪 80 年代的"系统热"中，对系统论与唯物辩证法之间的关系曾经有两种流行的观点，即"系统方法是把现象间普遍联系原则——辩证唯物主义的重要原则之一——加以具体化的形式之一"[②](B. H. 萨加托夫斯基、宣燕音，1980)和"系统规律是系统科学的主要规律，也应该是唯物辩证法的基本规律之一"[③](俞正兴，1983)。这两个观点在当时都广为流传，尤其是前者几乎充斥着当时谈论系统哲学问题的每一篇文章(朴昌根，1984)。然而，这两种说法隐含着系统方法源于辩证唯物法，这显然有失偏颇。因为一般系统论与唯物辩证法并不同源，前者来源于机体生物学，经机体系统理论提炼而得到(朴昌根，1984)，并非是抽象的哲学思辨的结果(薛剑文、王大文，2000)。

但是，系统方法与唯物辩证法具有内在统一性，这表现为后者包含着系统观，前者可以作为后者的一种具体应用(范业强等，1983)。

一方面，唯物辩证法蕴藏着系统观。恩格斯曾经指出，"辩证法是关于普遍联系的科学"[④]，它"在考察事物及其在观念上的反映时，本质上是从它们的联系、它们的联结、它们的运动、它们的产生和消逝方面去考察的"[⑤]。也就是说，唯物辩证法所表达的思想是，任何事物并不是简单的孤立的存在，而是由相互联系、相互作用和相互制约的诸多要素所构成的一个整体，这些要素遵循一定的目的形成了具有一定功能的系统，这个系统按照一定的规律进

[①]　靳共元、武高寿："《资本论》中的系统思想探索"，《晋阳学刊》1991 年第 4 期。

[②]　B. H. 萨加托夫斯基、宣燕音："评 A. И. 乌耶莫夫的《系统方法和一般系统论》"，《哲学译丛》1980 年第 3 期。

[③]　俞正兴："系统规律是唯物辩证法的基本规律"，《南昌大学学报(人文社会科学版)》1983 年第 1 期。

[④]　《马克思恩格斯选集》(第 3 卷)，人民出版社 1972 年版，第 521 页。

[⑤]　《马克思恩格斯文集》(第 9 卷)，人民出版社 2009 年版，第 25 页。

行演化,最终反映了一定的经济关系。可以看出,唯物辩证法是系统的深层次表现,系统具有唯物辩证法的哲学意蕴,两者在原则上具有一致性。

另一方面,系统方法可以作为唯物辩证法具体化和数理化的一种表现形式。唯物辩证法不仅认为任何事物之间相互联系相互作用,还告诉我们一切事物发展变化总是遵循着"量变—质变—量变—质变"的规律,当事物发展到一定程度就会被与之相对的因素所否定,这种因素在运动中又会被新的相对因素所否定,"否定之否定"从而推动事物"螺旋式"上升。这些描述都偏向于一种哲学的表达,而现代系统论也体现着这一思想,并且有了更为精确的定量描述和数学表达。比如,现代系统"新三论"中的协同论(Synergetics)认为存在于世界的众多系统,尽管属性上千差万别,但是它们之间总是相互作用、相互联系又相互影响,而且它们具有自组织性,也就是说一个系统从无序变为有序并不取决于这个系统是平衡还是非平衡抑或何时才能达到平衡状态,而取决于这个系统内部的各个子系统能否通过相互之间的非线性互动在时空上达到一个稳定的结构。

我们可以看出,协同论的逻辑与辩证唯物法有着相似相通之处,但其可以用更为具体的语言和更为量化的方法去探究不同因素之间的联系。由此可见,在定量分析形式上,现代系统论可以将辩证法的原则具体化(范业强,1983)。因此,我们可以应用现代系统方法将马克思主义经济学唯物辩证法中所要阐述的思想进一步数理化和具体化。

由此可见,系统方法与唯物辩证法之间具有内在统一性并不是指两者具有同源性,而是指两者在自身发展以及普适应用过程中具有相通性,而且随着现代系统理论的不断发展,其诸多具体的逻辑和精确的定量手段可以被应用于马克思主义经济学当中。

三、马克思经济学系统思想的扩展研究

马克思经济学中的系统存在、系统运动思想经过众多学者的多年探究已

经达成了共识。"系统思想是进行分析与综合的辩证思维工具",辩证唯物法赋予了其哲学意义上的表达形式,运筹学和其他系统科学又赋予了其定量的描述手段。① 因而,随着系统理论的不断进步和发展,马克思经济学系统思想得到了扩展。

考虑系统整体性时,一些学者开始将社会制度体系视为一个整体性的系统,其中影响最为深远的是法国调节学派和美国积累的社会结构(Social Structure of Accumulation,SSA)学派。前者在论证一定时期经济再生产过程的规律时,将"制度形式"归纳为货币制约的制度形式、雇佣劳动关系的制度形式、竞争的制度形式、国家的制度形式、国家参与国际体系的制度形式五类(吕守军,2015)。后者将以利润率为目的的积累的社会结构视为"对持续的资本积累来说是必要的一整套的制度体系"②,具体设定为由资资关系、劳资关系、国家经济角色、国际竞争关系以及主流意识形态五大核心制度所构成的制度系统。

从复杂性视角探讨研究对象时,张志军(2005)指出"马克思经济学的中心思想是资本主义生产方式和生产关系以及交换关系,而资本主义生产整体是极其复杂的经济系统"③。既然研究对象有着复杂性的特质,研究方法也应该具有复杂性的逻辑,他还指出马克思的劳动价值论与复杂系统理论在非线性、非平衡、突变、分岔、混沌、路径依赖、不确定性以及复杂系统动力学方面有着高度的相似性。

考虑"新三论"时,吴彤、沈小峰和郭治安(1993)认为科学技术是由社会生产力系统中的各个要素协同作用而产生,从而科学技术也会影响促使它产生的这些动力因素。鲁品越(1984)从劳动价值论出发论述了价值的耗散结构特性;孟氧(1990)虽未直接提出其使用耗散结构思想,但其在论述自然时

---

① 上海交通大学编:《智慧的钥匙——钱学森论系统科学》,上海交通大学出版社 2005 年版,第 42 页。

② David Gordon,Up and Down the Long Roller Coaster,New York:Union for Radical Political Economics,1978,pp. 22—35.

③ 张志军:"马克思经济学与复杂系统理论——研究劳动价值论的新视角",《海派经济学》2005 年第 3 期。

间和经济时间的连通时已经应用了这一思想,其首先从劳动二重性引出自然时间和经济时间之间的关系,在此基础上探究了马克思主义经济学和自然科学相通的基础。沈炳珍(2009)基于技术和制度的协同演化视角分析了经济增长。此外,生态马克思主义学者约翰·贝拉米·福斯特(John Bellamy Foster,2006)考证得出马克思在《资本论》中所揭示的"物质变换"正是源于德国化学家尤斯图斯·冯·李比希(Justus von Liebig)有关"新陈代谢"的理论,而将"新陈代谢"这一概念引入人与自然这个系统运动过程中时,就能够获得生态意义上的"新陈代谢断裂"理论,这个旨在说明"资本主义在人类和地球的'新陈代谢关系'中催出'无法修补的断裂',而地球是大自然赋予人类的永久性生产条件。这就要求新陈代谢关系的'系统性恢复'成为'社会生产的固有法则'。"①换句话讲,也就是说人与自然之间的"新陈代谢"是人类生产和发展的物质基础,而资本主义生产破坏了这种关系,从而导致自然失衡,也就是人与自然这个系统运动无法继续运转。

　　现代系统方法在长期的发展中逐步从规范分析向实证分析演绎,但从以上梳理可以发现,尽管马克思主义经济学者一直致力于将最前沿的系统方法运用于马克思主义经济学研究,然而,就目前来看,有关将系统方法在马克思主义经济问题中的应用集中于规范分析或是定性分析,定量研究并不充分。我们认为,这可能主要源于以下两点原因:

　　一是在20世纪80年代初现代系统理论才在国内学界引起重视和探讨。但此时西方经济学开始在国内兴起,中国经济学开始将重心转向西方经济学范式,因而较少关注马克思主义经济学范式的创新型发展(李节、肖磊,2012);

　　二是马克思经济学与系统科学毕竟不同源,系统论起源于自然科学领域,在物理、化学、数学等领域的突破层出不穷,虽说在某些理论上具有相似之处,能够在一定程度上实现通约,但是由于自然科学和社会科学之间的整个逻辑存在较强的差异性,两者之间的完全衔接存在较大难度。

---

① 刘仁胜:《生态马克思主义概论》,中央编译出版社2007年版,第131页。

　　综观现有研究,也有少部分学者试图将系统方法的数学表达引入马克思经济学范式之中。在 20 世纪六七十年代,东欧和苏联的一些学者应用一般系统理论模型对马克思的相关理论进行了重新论证[①](麦奎里和安贝吉,1979)。此后的几十年里,似乎很少有用系统论的方法来解析马克思主义经济学的相关研究,在为数不多的学者当中,王朝科、程恩富(2011)以较为简单的系统数学模型对经济力系统进行了分析。此外,陈平(2014)则一直试图将现代系统中的数理方法运用于经济理论探索中,且做出了较大的贡献,比如他用非平衡态系统理论提出了代谢增长理论,并提倡用小波方法进行实证研究;他还采用非线性动力学和时频分析的方法研究经济指数,并认为频数相对稳定的"色混沌"是经济混沌的主要特征,这普遍存在于金融和宏观序列之中,其在一定程度上挑战了新古典经济学中以白噪声为基础的均衡理论。虽然他没有直接指出其研究范式是马克思经济学的研究范式,但是其研究为马克思经济学的方法创新提供了有益的思考。

　　分析马克思经济学系统思想的扩展研究,对马克思主义经济学研究范式的发展有着重要的启示意义:

　　一是使马克思主义经济学经典理论数理化得到进一步发展与创新。目前,学界的马克思经济学数理化发展仍多集中于将新古典经济学方法运用于马克思经济学理论的表达中,但由于两者的微观基础存在差异甚至对立,所以新古典经济学中的数理方法不可能全面系统地诠释马克思经济学。

　　二是为马克思政治经济学视角下经济热点问题的实证分析提供了一个合理的方向。一直以来,马克思政治经济学视角下具体经济问题剖析都以叙述为主,缺少数据分析的支撑有时会削弱其说服力。如果能将现代系统方法应用于马克思经济学理论之中,将会为马克思主义的中国化发展以及中国经济学的创新提供有益的帮助。

---

① 　D. 麦奎里、T. 安贝吉:"马克思和现代系统论",《国外社会科学》1979 年第 6 期。

第三节　新能源力的理论追溯：相关研究

自 20 世纪以来,关于新能源的探究是学界的热点问题和长期关注的课题。综观现有研究,大致可以归纳为新能源技术、生产、消费、政策和系统五个方面,其中关于新能源技术和政策的讨论颇多。当然,由于新能源政策扶持已经成为国际普遍存在的现象,所以在讨论新能源技术、生产和消费时,也大多是探究政策对新能源技术、生产或消费的作用影响。

一、新能源技术方面的研究

毋庸置疑,技术是新能源发展的核心问题。关于新能源技术的探究不仅是理论界研究的焦点,也同时是实践工作者关注的重点。关于这方面的探索十分丰富,出于本研究的需要,我们仅对关于新能源技术本身的分析以及政府政策对新能源技术发展的影响研究进行整理。

一是关于新能源技术本身的研究,国内外学者对新能源技术扩散中所遇到的阻碍、创新中所遇到的瓶颈以及收益上的不确定性等方面进行了详尽的探讨。从国外研究来看,安德森(Anderson)等(1997)研究认为光伏电池扩散的主要阻碍是成本高。斯塔凡·杰克布森(Staffan Jacobsson)等(2000)研究认为太阳能热技术大规模扩散(不含补贴)的主要瓶颈是缺乏产品标准,对生产能力设计重视不够。巴雷托(Barreto,2004)利用相关战略模型分析一些具体的新能源技术的研发投资绩效。安德森等(1997),赫拉克里斯(Hera-cles Polatidis)等(2007),J. R Painuly(2001)等分析了(某种)新能源技术上创新与扩散的瓶颈。Anna Bergek 和斯塔凡·杰克布森(2010)介绍了可用的绿色证书对新能源技术扩散的作用。此外,尼尔·斯特罗恩(Neil Strachan)

等(2009),约翰·巴顿(John Barton,2009)等学者也进行了类似的研究。我国学者围绕这一话题也进行了颇多探索。比如,王大中(2007)认为由于新能源技术的创新成本很高,又缺乏商业化的运作渠道,这就影响了新能源技术的创新和扩散。曹健林(2010)指出将可再生能源发电接入电网,首先就需要加大新能源技术研发,这是解决问题的关键,尤其是核心技术的突破性进展。吴辉(2011)认为新能源技术经济范式演进的规律会形成一系列与之相随的技术群,在接下来的一段时间内,传统能源和新能源技术会出现共存与互补发展的状态。此外,苏竣等(2008),李书锋(2009),刘高峡、黄栋和蔡茜(2009),李俊峰等(2005),吴金艳等(2009),杨玉峰等(2010)也进行了类似的研究。

　　二是关于新能源相关政策与技术进步相关方面的研究。有关环境政策与技术进步的研究最早可以追溯到"波特假说",这一假说认为合理的环境规制政策能够激发企业的"创新补偿"效应(Porter M E,1991&1995)。此后众多学者开始致力于这一方面的研究,但对这一关系的摸索主要集中于实证检验,因不同学者选取的样本和时期存在差别,目前形成了促进(Jaffe A B&Palmer K,1997;Brunner &Cohen,2003;Carrion-Flores&Innes,2005;李阳、党兴华、韩先锋等,2014 等)、抑制(Gray,1987;Wagner,2007;Chintrakarn,2008 等)和不确定(Boyd&McClelland,1999;Domazlicky,2004;Lanoie&Patry,et al,2008 等)三种理论观点,尚未形成一致的论断。此外,还有大量学者对我国不同地区、不同环境政策与技术创新之间的关系进行了检验,诸如张成、陆旸、郭路等(2011),张中元、赵国庆(2012),景维民、张璐(2014),张平、张鹏鹏、蔡国庆(2016)等。直接研究新能源政策与其技术进步的研究起步较晚,但也非常丰富。诸如周亚虹、蒲余路、陈诗一等(2015)从新型产业特征出发,构建了一个企业决策反应模型,并采用 2001—2013 年我国新能源上市公司和传统行业的上市公司进行比对,得出的结论是在产业发展初期,政府补贴能够增强新能源企业的盈利能力,但是在产业扩张后期,政府补贴不仅不能促进新能源企业的研发支出,还会引发低端产品的产能过剩问题。

二、新能源生产方面的研究

对于新能源生产方面的研究,现有文献主要集中于两个视角:一是新能源产业效率测算,二是新能源产业产能过剩问题。

就新能源效率测算而言,学者主要采取了微观和宏观两个视角。从微观视角来看,耿逢春(2011)对我国新能源板块 7 家上市公司进行数据包络分析,发现其中 6 家为 DEA 有效,而上海电气是非 DEA 有效,投资回报率太低且规模收益递减。贾全星(2012)利用随机前沿方法对我国新能源上市公司 2004—2010 年的数据进行了分析,发现这段时间公司的技术效率虽有所提升但仍然偏低。而辛玉红和李星星(2013)利用规模报酬可变的 DEA 模型对我国 60 家新能源上市公司 2006—2011 年的数据分析发现样本期内的平均技术效率值为 0.83,但在这一时期内出现下滑趋势。两位学者在通过后续影响因素分析中,皆指出新能源上市公司的股权结构对公司的技术效率具有一定影响,第一大股东性质为非国有法人上市公司的技术效率要高于法人为国有的上市公司。刘亚铮和彭慕蓉(2015)利用 DEA-Malmquist 模型对我国 45 家新能源上市公司 2009—2013 年间的样本数据分析认为,上市公司技术效率较低(约 0.39),国有企业在技术效率和发展质量上均高于私营企业。从宏观角度来看,部分学者对新能源产业效率进行了分析与比较,诸如石旻、张大永等(2016)通过 1998—2009 年新能源企业数据和四阶段数据包络分析方法对我国新能源产业效率进行了研究,发现平均效率为 0.236 且下游新能源发电行业的效率要高于非发电行业。Sueyoshi 和 Goto(2014)运用 DEA 方法对美国和德国的太阳能发电站效率进行了比较。

就产能过剩来看,众多学者普遍认为我国新能源产业出现了产能过剩的现象,并且对产能过剩的形成原因进行了多方面解释。蒙丹(2010)认为新能源企业大量引进国外非核心的新能源技术,从而进行重复性生产是其产能过剩的主要原因。史丹(2012)指出新能源产能过剩至少有三个方面的原因：一是国际市场疲软；二是产业与市场发展不均衡；三是生产力发展与制度建设不匹配，扩大国内新能源消费市场是一个较好的解决路径。韩秀云(2012)认为我国风电场与电网建设错配、电网配套能力欠缺、新能源企业水平较低以及地方政府投资过度等现象引致风能和太阳能产能过剩及效率低下。张晖(2013)指出我国新能源光伏和风电产业由于投资潮涌现象已经出现了过多的重复建设，而且产能过剩的情况也十分严重，进一步来看，只有完善市场机制、处理好中央政府和地方政府之间的关系才能够有效地化解这个难题。吴春雅和吴照云(2015)认为新能源的产能过剩来源于"市场"和"政府"的双重失灵，并且在利用2008—2013年我国新能源光伏和风电上市公司的数据进行DEA方法测算时发现，近3/4的企业存在投资冗余问题。余东华和吕逸楠(2015)基于"市场失灵论"和"体制扭曲论"构建了"政府不当干预论"，并根据这一理论对我国光伏产业的产能过剩问题进行深入的剖析，还利用生产函数法测算了我国光伏上、中、下游产业的产能过剩率，得出了政府对某个环节干预得越严重会导致这一环节的产能过剩越发严重，因此只有改变不当干预模式，创造核心技术的动力机制，才能够化解我国新能源产品"低端锁定"的难题。罗来军、朱善利和邹宗宪(2015)也指出，德国和日本自2006年起同意以较低的转让费向我国转让多晶硅相关产品技术，于是我国多晶硅企业迅速发展，然而这些技术并非最为先进或者核心的技术，加之引进企业创新力薄弱，它们只能利用国内优厚的补贴政策和宽松的环境管制对引进技术简单应用于生产，从而只能以低成本优势占领市场。

三、新能源消费方面的研究

相对于生产方面的研究，新能源消费方面的研究起步比较晚，从现有文献来看，主要是围绕"政府扶持是否能够增加新能源产品消费"这一问题展开了颇多理论和实证等方面的探索。一些研究认为，政府购买补贴与新能源汽车的消费呈现显著的正相关关系(Beresteanu and Li,2011;Gallagher and Muehlegger,2011)。在比较分析具体的政府政策中,戴蒙德(Diamond,2009)发现购买前的奖励对消费者的购买刺激较为有效。但加拉格尔(Gallagher)和 Muehlegger(2011)通过对不同税收优惠政策对新能源汽车使用的影响比较研究,指出营业税减免对新能源汽车的采用促进作用比收入税抵免的效果要高 10 倍以上。李庆(2012)认为现金补贴会同时增加新能源和传统能源产品的消费,而在对市场用能总量饱和和不饱和进行区分的条件下发现,在前者中实施价格补贴会直接增加新能源消费,对传统能源消费不起作用,在后者的情形下实施价格补贴会促进新能源消费并且抑制传统能源消费。然而,也有学者认为政府购买补贴并不能促进消费者对新能源汽车的购买意愿(Zhang 等,2013)。

当然,除了直接的资金补贴外,基础设施建设也是政府扶持的一个重要方面,甚至部分学者认为较补贴而言,基础设施建设在提升新能源及其产品消费中发挥着更为重要的作用。比如,Sierzchula 等(2014)通过 30 个国家电动车市场的相关数据,检验财政激励政策、充电设备以及生产性设备对电动汽车采用率的影响时发现,充电设备和电动汽车的采用率最为相关,但无论是财政激励政策还是充电设备都不是电动车使用率的保证。孙晓华等(2015)提出基础设施建设能够提高消费者对新能源车后续使用的满意程度,从而能够增强新能源企业的竞争力,但这种作用效果较为缓慢。

四、新能源政策方面的研究

一直以来,无论是发达国家还是发展中国家,在发展新能源的过程中都给予较多的政策扶持。关于新能源政策对新能源技术、生产和消费等方面的研究,前文已经做出了总结。那么,接下来要思考的问题是,就这些政策本身而言,如何评价其实施效果?该问题已成为学者热议的对象。关于新能源政策实施效果的研究,国外起步较早,国内近年来也在逐步增多。

　　国外学者侧重于探讨新能源相关政策自身的效果评价。比如,Philippe Menanteau 和多米尼克·菲恩(Dominique Finon)等(2003)从政府角色这一视角探究了固定电价与配额制的优劣。Rolf Wüstenhagen 和迈克尔·比尔哈茨(Michael Bilharz,2004)论证了持续性政策对可再生能源电力生产的重要驱动作用。弗雷德(Frede,2011)研究了丹麦在 1976—2010 年间的新能源政策,他发现新能源在丹麦的地位已经从过去的次要能源选项上升到新能源技术重点研发对象,传统的化石能源已经逐渐落后为备用能源选项。萨尼亚(Sanya,2011)研究了美国的电力发展现状,他认为其需要在低碳、分散和丰富投资方面发展美国的可再生能源电力,并在分析了美国当前的税费、公共福利、能效指标等方面后提出:美国在未来将会更多地使用政策工具来对新能源发展进行改革。另外,还有保罗·葛摩(Paul Komor)和摩根·巴兹利亚(Morgan Bazilian,2005),朱迪斯·利普(Judith Lipp,2007),冈萨雷斯(Pablo del Río González,2008),Frede Hvelplund(2011),萨尼亚·卡利(Sanya Carley,2011)等也对新能源政策进行了评价。

　　国内学者侧重于国内外新能源相关政策的比较研究。最早涉猎这一问题的是陈幼松(1993),他在分析 1970—1990 年美国可再生能源法律、德国光伏补贴、丹麦风电开发、瑞士能源使用法律的基础上,对新能源应用领先的国家进行了总结与介绍。李俊峰等(2006a、2006b、2007)通过对国内外可再生能源政策的剖析,对我国的新能源政策提出了建议。赵刚(2009)详细分析了德国新能源技术的研发资助,生物质能发电的投资补偿、补贴、税收优惠和进口关税政策,以及风电上网电价政策。陈凯和史红亮(2009)著有《清洁能源发展研究》,全面地介绍了国际与国内的新能源政策。高静(2009)从奥巴马任职总统时期对美国的新能源政策进行了分析,结论是政策制定能获得在节能与新能源领域的话语权和领导权,把握最先进的新能源技术,获得国际社会的认可。曹玲(2010)阐述了日本新能源产业发展计划、法律政策、财政金融政策,并对其实施效果进行了描述式的评价。刘秀莲(2011)对欧洲新能源的政策进行了详尽分析,并给出了政策评价。郭超英(2011)则从新能源产业的角度,提出我国的新能源发展需要涵盖金融、财政、外贸和技术四个方面的政策目标,同时对我国在风能、太阳能、核能和生物质能四个领域进行了三个历史阶段的总结与点评,讨论日本、德国和美国的产业发展经验,还针对我国的现实状况提出了一系列配套政策方案。张宪昌(2011)研究了美国的新能源相关法律条例的发展历史,并提出从美国现有的新能源技术和创新能力而言,其在新能源领域的国际市场上并没有显著的优势。林伯强、李江龙(2014)利用随机动态递归模型对我国可再生能源政策进行了量化分析。周亚虹、蒲余路和陈诗一(2015)从企业反应行为的视角实证分析了政府扶持政策对新能源产业的作用。此外,还有陈凯、史红亮(2009),国务院发展研究中心课题组(2009),熊良琼、吴刚(2009),张玉臣、彭建平(2011),魏曙光(2011)等也进行了这一方面的研究。

五、新能源系统方面的研究

基于系统视角对新能源发展的研究也取得了一定的进展,部分学者是从物理系统的视角进行了探究,还有部分学者从产业系统、政策系统、技术系统的视角对新能源发展的诸多方面进行了分析。

国外部分学者直接对新能源电力的物理系统进行了研究。比如,M. K. 德希穆克(M. K. Deshmukh)和S. S. 德希穆克(S. S. Deshmukh,2008)认为需要建立一个混合可再生能源系统,从电力供应视角提出太阳能、风能及其他可再生能源需要建立一套可靠的发电整合系统,并对其设计进行了评估,指出未来该类系统将越来越受到欢迎和应用。隆德(H. Lund)和马西森(B. V. Mathiesen,2008)则根据丹麦当前的能源系统提出了一个100%依托新能源的可再生能源系统,该系统通过计算机模拟、设计并平衡整个新能源电力系统来实现整个能源系统的柔性整合,并且还预言在丹麦未来实现100%可再生能源完全是可行的。当然,还有一些学者从制度系统视角出发进行了探索。斯塔凡·杰克布森和沃克马·劳伯(Volkmar Lauber,2006)采用系统建模的方式分析了德国的风能与太阳能在政策工具的指导下如何进行快速引导与传播，并提出政府应当降低对煤炭与核电能源的补贴，建立一个能够长期支持新能源系统的机构。

国内学者则多从产业系统视角出发对新能源发展进行了分析。比如，徐蕾、王秀荣等（2010）从系统动力学的视角探究了我国太阳能光伏产业发展动力机制，认为技术、制度和市场是光伏产业发展的主要因素。任海英、程善宝等（2010）从系统动力理论视角对我国新能源汽车产业的区域新兴技术产业化系统进行了分析和研究，仿真模拟结果发现我国的新兴技术产业化存在"双轨转换"等重要规律。戚汝庆（2012）以我国光伏产业为研究对象，通过创新系统理论着重考察了光伏发展中的技术进步、市场发展以及政府作用之间的关系，阐释了企业创新活动、政府扶持、国际技术溢出等影响因素及机制。王伯春（2004）同样从系统的角度对新能源产业的社会评价进行了探索，他认为新能源系统的评价需要立足于对整个社会的能源、环境、费用以及效益的影响，并讨论了对我国新能源系统进行能源、环境以及经济方面评价的具体模型和方法。殷鑫宇（2014）建立了我国新能源系统的理论模型，并将其应用于我国太阳能、风能的微电网系统结构，对其控制管理进行了优化，为今后我国的分布式能源应用提供了重要的模型算法参考。而李爱香（2014）则重点研究了浙江省的新能源产业系统，认为浙江省的新能源产业发展已经初具规模，未来需求空间巨大，具备较好的新能源资源条件，目前浙江省的新能源补贴存在一定缺陷，造成新能源电价过高，进一步从系统视角对补贴的对象、环节、标准、额度以及形式等内容进行了政策层面的探讨，并提出了一系列配套举措。张卫国、郑月龙等（2015）运用演化博弈理论研究了新能源投资系统的政府角色，认为当新能源产业系统的投资环境改善时，政府的激励作用会逐渐减弱，因而政府应当在新能源产业系统发展前期担任引导角色，后期逐步成熟之后再与市场角色进行互换。闫晶、韩洁平等（2015）将市场需求、技术进步、政府推动看作是外部要素，将企业竞争与协作看作是内部要素，并以协同视角分析了新能源产业的动力机制。

第三章 新能源力系统的理论分析

本章基于马克思主义政治经济学理论视角,提出"新能源力"概念,并对其内涵和外延进行了分析。接着,以经济力与经济关系的辩证逻辑为线索将新能源力视为一个系统,从而构建新能源力系统的理论框架,进一步对新能源力的系统结构、系统环境、演化内涵与特征以及系统分力之间的辩证运动关系进行了分析,以期新能源力系统框架的探究能够为新能源产业的良好运行奠定理论基础。

第一节 新能源是一种经济"力"

理论界现有的研究大多把新能源视为一种单纯的物质材料、新型技术或是新产品,未能赋予其真正的经济学内涵。本研究首先厘清新能源的界定,而后赋予其经济学上"力"的内涵,这是探究与之相关经济关系的逻辑起点。

一、新能源的界定及新能源力的提出

马克思认为将某一种物质材料、技术或者产品纳入经济学范畴应该赋予其经济学的内涵。诸如，将某一种产品纳入经济学范畴，就赋予其"商品"的内涵，而后将"商品"作为市场经济的"细胞"以窥探背后的经济关系；将自然资源、技术、劳动或是资本等要素纳入经济学范畴时，则赋予其经济"力"的内涵，而后探究与其相关的经济关系。那么，马克思主义政治经济学视角下的新能源是什么？

（一）新能源的概念界定

理论界关于新能源这一概念的界定一直存在颇多争议，仍未能达成共识，这一方面是因为新能源属于交叉学科范畴，不同学科所关注的焦点不同，对新能源的界定必然会存在差异；另一方面是因为对于新能源中"新"的理解存在差异，"新"是指新技术、新材料还是新的使用方式，不同的学者看法也不同。

新能源及可再生能源作为一个专业术语，首次是在 1978 年 12 月 20 日联合国第 33 届大会第 148 号会议中被提出的，当时规定新能源就是指"除却常规能源以外的能源形式，大致可以概括为 14 种形式，即太阳能、地热能、风能、潮汐能、海水温差能、波浪能、木柴、木炭、泥炭、生物质转化、蓄力、油页岩、焦油砂及水能"[①]。根据这一决议，1981 年 8 月 10—21 日联合国在肯尼亚首都内罗毕又召开了联合国新能源和可再生能源会议，在这次会议中，新能源概念又得到了比较精确的规定，即规定"以新技术和新材料为基础，使传统的可再生能得到现代化的开发与利用，用取之不尽、周而复始的可再生能源来不断取代资源有限、对环境有污染的化石能源"[②]。联合国开发计划署（The United Nations Development Programme, UNDP）将新能源界定为三类，

---

①　王春梅，等："节能减排对策略论"，《绿色科技》2011 年第 5 期。

②　门丹："美国推进新能源发展的财政支出政策研究"，《生态经济》2013 年第 4 期。

即"传统生物质能(Traditional biomass)与大型水电(Large-hydro)与可再生能源,其中包括小水电(Small-hydro)、现代生物质能(Modern biomass)、风电(Wind)、太阳能(Solar)、地热能(Geothermal)和海洋能(Ocean)等"①。

由以上定义可以看出,"新"的内涵可以概括为三个方面:

一是新技术,新能源是在新技术的基础上对地球客观存在的可再生资源进行开发和利用,新能源产业被视为高新技术产业,因而它体现为一种新技术(吴晖,2011;孙晓华等,2015)。

二是新材料,即是在新技术基础之上,对太阳能、风能、潮汐能等原本就存在于地球之上的材料进行新的利用,所以是指被赋予新用途的材料。也就是说,新能源是一种被视为新型的能够产生能量的新物质材料。

三是新产品,新能源之所以能够被人们所熟知和应用,是因为它通过技术工艺生产过程形成了可以利用上述新材料的产品,比如新能源汽车、太阳能发电设备,因此,新能源还可以被视为一种新产品。

事实上,上述定义是自然学科(包括力学、化学、光学和电学等)范畴沿用的内涵,仍是一种狭义上的界定。在经济学范畴,新能源应该还有更为广义的内涵,即不仅要考虑它在自然科学层面的一般界定,还要考虑它在生产关系中的角色。比如,新能源作为一种材料代替传统能源时,不仅仅是一种能量形式的替代,还会涉及以能源体系为血脉的社会生产方式的变革;作为一种新技术时,会涉及新产业技术范式的变化,从而可能影响相关产业链的变革,甚至会带来可持续经济发展内容的变化;作为一种新产品时,会涉及能源生产、交换、分配和消费方式的变化。也就是说,如果将新能源纳入经济学范畴,就要从广义的视角去考察新能源,它的产生和发展可能将会涉及社会生产方式的变革。因此,它不仅仅是一种物质材料、技术或是产品,一旦将其纳入经济学中,它应该具有更为丰富的含义。

(二)新能源力的提出

"新能源力"这一概念的提出正是源于马克思的自然力思想,新能源首先

---

① 中央党校课题组:"中国新能源发展战略问题研究",《经济研究参考》2011年第52期。

可以作为经济系统中的一种要素,它可以被视为自然力的一种替代,是一种基于高新技术的替代。在第二章文献综述部分,我们已经对马克思的自然力思想进行了详细梳理,本研究所提的自然力主要是指狭义的自然力。马克思并未对自然力给予一个明确的定义,但是根据分散于《资本论》中有关"自然力"的论述,经过梳理和挖掘,我们认为马克思关于自然力的界定可以分为两个视角:一是系统的视角;二是整体效果的视角。

首先,将自然力视为一个系统,即视为由存在于自然界中可以被人类使用于生产过程的自然条件的集合,并且这些自然条件按照一定的关系相互作用。自然条件在经济含义上可以被划分为两大类,即"生活资料的自然富源,例如土壤的肥力,鱼产丰富的水域等;劳动资料的自然富源,如奔腾的瀑布、可以航行的河流、森林、金属、煤炭等"①。也就是说,从系统角度来看,自然力是由生活资料和生产资料中的自然资源两大子系统构成,生活资料中的自然力包括以土壤的肥力、水域等为主要要素构成的子系统,劳动资料的自然富源包括以瀑布、河流、森林、金属、煤炭等为主要要素构成的子系统。此后,张薰华、王岩(2014)还从自然生态系统的循环视角指出,在自然生态系统中,"生物群落中的绿色植物是生产者,动物是消费者,微生物是分解者"②。在这个系统中,"绿色植物通过光合作用,将非生物环境中的无机元素合成为有机化合物,同时将太阳能转变为化学能贮藏起来"③。从而植物会发生增殖,形成了"生命物质和化学能量的初级形式"④。没有这些转化就不会有动物和人类的存在,动物和微生物在这个系统中承担消费者和微生物的角色,不断促进这个系统循环再生。事实上,这就是基于自然力系统要素之间关系的视角,将自然生态系统界定为一个由"生产者""消费者"和"分解者"组成的系统。

其次,从自然力的整体效果来看,马克思强调的是人类利用自然资源的

---

① 马克思:《资本论》(第1卷),人民出版社2004年版,第586页。
② 张薰华、王岩:"生态文明建设要义论",《当代经济研究》2014年第1期。
③ 同上。
④ 同上。

能力,进一步表现为自然力对生产的作用力。马克思关于自然力对工业生产和农业生产的作用皆有论述。他认为在资本主义工业经济时期,自然力是被无偿地使用于生产过程之中的,"作为要素加入生产但无须付代价的自然要素,不论在生产过程中起什么作用,都不是作为资本的组成部分加入生产,而是作为资本的无偿的自然力,也就是,作为劳动的无偿的自然生产力加入生产的"①。而且随着机器大工业的生产,自然资源更是被大量地,甚至肆无忌惮地纳入生产之中。"大工业把巨大的自然力和自然科学并入生产过程,必然大大提高劳动生产率,这一点是一目了然的。"②人类利用自然资源进行生产的能力,可以用人类已知的、被开发的、借助于当时社会技术条件或者生产方式所能纳入生产中的自然资源种类和数量来衡量。"社会地控制自然力,从而节约地利用自然力,用人力兴建大规模的工程占有或驯服自然力,——这种必要性在产业史上起着最有决定性的作用。"③在阐述农业经济时,马克思指出"农业劳动的生产率是和自然条件联系在一起的,并且由于自然条件的生产率不同,同量劳动会体现为较多或较少的产品或使用价值"④,这足以说明人类有使用自然资源进行农业生产的能力,因而自然力对农业生产起着重要的作用。

在现实经济中,新能源已经开始替代传统自然力,并对经济活动已经产生了重要的作用。根据国际可再生能源机构(International Renewable Energy Agency,IRENA)第 11 次理事会发布报告显示:世界可再生能源就业人数当前已经超过 810 万人,较 2014 年上升了 5%。其中,中国、巴西、美国、印度、日本和德国等国家是 2015 年可再生能源行业就业人数最多的国家。在各类新能源中,太阳能光伏产业就业人数最多,达到 280 万人。

由此可见,新能源未来必将成为社会物质生产过程中不可或缺的重要因素。在技术不断突破的今天,新能源替代自然资源进入生产过程,不仅使之

---

① 马克思:《资本论》(第 3 卷),人民出版社 2004 年版,第 843 页。
② 马克思:《资本论》(第 1 卷),人民出版社 2004 年版,第 444 页。
③ 马克思:《资本论》(第 1 卷),人民出版社 2004 年版,第 587—588 页。
④ 马克思:《资本论》(第 3 卷),人民出版社 2004 年版,第 924 页。

成为一种重要的生产要素,还是一种"经济力"。为此,我们完全可以将新能源视为一种"力",提出"新能源力",这样才能考察与新能源发展相关的运行机制以及其对可持续经济的作用力。"新能源力"的提出是研究新能源力系统及相关问题的起点。

二、新能源力的内涵和外延

何为"力"?"力"有三层内涵:一是"人和动物肌肉的效能",比如力气、力量等;二是"一切事物的效能",比如控制力、生产力等;三是物体与物体之间的相互作用,这是物理学意义上的定义,比如作用力、重力、引力等。关于"力"的三层内涵蕴藏了分析"力"的两层逻辑:一是从系统的视角对"力"进行分析,即力内部构成部分相互作用形成某种效能;二是从"力"的整体效果来看,即由力的系统所形成的效能会对与之相关的其他物体产生作用力。也就是说,可以从"力"的内部窥探其构成逻辑和运行状况,才能进一步从整体上判断作用"力"。由上述马克思关于自然力的界定可知,其对狭义自然力思想的分析也可以被视为从上述两个视角展开的。事实上,新能源力的概念也是这两者的结合。

(一)新能源力的内涵

首先,就系统的视角而言,即从新能源力本身来看,新能源力是指其构成要素以及这些要素之间相互作用、相互关系所形成的能力。

就划分经济系统内部的结构来看,比较常见的有两种方式:一是直接考虑系统的物质构成,如将自然力看作是森林、金属、矿藏等要素所构成的系统;二是考虑系统的运行环节,比如将经济过程划分为"生产—分配—交换—消费",分别赋予其"力"的概念,于是可以界定经济力为生产力、分配力、交换力、消费力相互耦合而形成的一种合力(王朝科、程恩富,2011)。本研究侧重于考虑新能源力系统可持续运转的逻辑,因此,主要从新能源力的形成过程对新能源力进行界定,选择第二种划分方式。

　　按照新能源力的运转逻辑,其至少包括"替代(淘汰传统能源)—研发—生产—消费"四个过程。由于传统能源体系已经根植于社会生产和生活的各个方面,所以发展新能源的第一步就是要"淘汰"传统能源。以太阳、风、水和潮汐等为代表的新能源已经在地球上存在几十万年,一直未能被人类充分利用正是囿于"技术",因此,发展新能源的第二步就是"研发"新能源技术,只有新技术才能实现新能源替代传统能源。第三步是将技术这种潜在的生产力,经过"生产"转化为现实的生产力。最后,"消费"所生产出的新能源及其相关产品,进一步形成对传统能源的替代力。也就是说,新能源力系统的运行逻辑是"替代—技术—生产—消费",分别赋予这四个环节以"力"的概念,整合成一个体系,即可以将新能源力归纳为是由新能源替代力、新能源技术力、新能源生产力和新能源消费力所构成的系统合力。

　　因此,从新能源力系统本身来分析,它的内涵包括四个方面:

　　第一,新能源力形成的出发点是替代传统能源。新能源不仅可以解决传统自然力在数量上的绝对匮乏问题,还可以在替代的基础上保护资源环境,实现经济可持续发展,因此,是一种高级替代。

　　第二,新能源力的核心是新能源产品技术。新能源是高新技术的产物,是在新技术基础上所开发的可再生能源,如果没有新能源产品技术,人们对新能源的生产和消费并不能实现,只有在高新技术基础上对新能源产品的开发才能形成新能源力。在工业革命以前,人类对可再生资源的简单应用并不能被视为新能源力。

　　第三,新能源力的基础是新能源产品生产。新能源技术是潜在的生产力,只有通过新能源产品才能转化为现实的生产力。

　　第四,新能源力的最终实现是新能源产品的消费。生产新能源产品的最终目的是为了满足人们对新能源在生产和生活中的需求,因此,只有实现了新能源产品的消费才能形成对新能源产品生产、技术和替代传统能源的进一步反作用力,才能使新能源力得以发挥。

　　其次,从某一种"力"的整体效果来看,新能源力是指为了替代传统能源体系,在新技术基础上,对新能源及其相关产品研发、生产和消费的能力,进一步会形成对可持续经济发展的推动力。就理论逻辑来看,新能源力是传统自然力的一种高级替代,并形成了一种新型的生产力[①]。

　　一方面,新能源力作为传统自然力的一种替代,成为生产力的一部分。马克思认为,"劳动生产力是由多种情况决定的,其中包括:工人的平均熟练程度,科学的发展水平和它在工艺上应用的程度,生产过程的社会结合,生产资料的规模和效能,以及自然条件"[②]。张薰华(1999)从生产力出发将其归纳为劳动力、自然力和科学技术力。也就是说,自然力是生产力的一个重要组成部分。随着社会发展,自然力形式总会随着社会历史阶段的演进而发生更迭。诚如马克思所指出,"生活资料的自然富源,例如土壤的肥力,渔产丰富的水域等;劳动资料的自然富源,如奔腾的瀑布、可以航行的河流、森林、金属、煤炭等。在文化初期,第一类自然富源具有决定性的意义;在较高的发展阶段,第二类自然富源具有决定性的意义"[③]。确实,在工业革命以前,农业经济占主导地位,"土壤的肥力,渔产丰富的水域"成为这一阶段的主要能量来源。而自工业革命以来,"土壤和水域"的地位被"煤炭"等化石能源所取代。具体来看,第一次工业革命的动力源是"煤炭+蒸汽机",煤炭作为当时相对低廉的新能源实现了蒸汽机的大规模应用,带动了印刷、冶金、纺织、工程、机床及化工等产业群的迅速发展。第二次工业革命中,以"石油+内燃机"为主的动力方式成功普及了汽车,使之成为推动经济发展的重要交通工具。第二次世界大战之后,通信技术的发展进一步深化了以煤炭和石油为主的化石能源使用,直至今天,两者依然是社会经济的主要能量来源。本研究将煤炭、石油等为主要代表的传统化石能源界定为传统自然力(2015年,我国原油和原煤的消费占比达82%)。新能源是一个相对的、历史范畴的概

---

　　① 这里需要强调的是,从系统内部视角,我们赋予新能源生产环节以"力"的概念,即出现新能源生产力,这是指新能源企业生产新能源产品的能力;而从整体效果视角来看,认为新能源力是一种新型的生产力,这是指其对于可持续经济的作用力。本研究后续涉及"新能源生产力"这一说法时,皆是指系统内部视角下的含义。

　　② 马克思:《资本论》(第1卷),人民出版社2004年版,第53页。

　　③ 马克思:《资本论》(第1卷),人民出版社2004年版,第586页。

念,它是相对于传统自然力而言的。传统自然力已然不可持续,以新能源力替代之势在必行,因此,其也会成为生产力的一部分。

另一方面,新能源力对传统自然力的替代不仅是量的替代,还会实现质的升华,从而形成一种新型的生产力。就经济动力来看,新能源力和传统自然力均能转化为人类生产生活所需要的能量形式,通过合理适度的开发和技术利用同样能提供人类基本生产生活所需要的能量。但是,马克思曾认为,生产力的大小并不是由生产了什么而决定,而是决定于用什么生产,即生产工具水平的高低是反映生产力水平的一个重要标志。从劳动工具、劳动者和劳动对象出发,新能源力具有明显的新型生产力特征:一是强调新能源产品可以作为新的生产工具以替代传统能源工具,比如传统能源时代盾构机、挖掘机、传送带等工具以主动开采方式获得能源介质,而新能源时代太阳能采集模块、光伏电池、水轮机、风轮机等被动采集能源的形式将会更加清洁环保,能源转换的过程也减少了能源消耗,不产生更多气、液、固态的污染物排放,做到真正永续使用;二是劳动者越来越注重提升身体健康;三是劳动对象逐渐由新能源材料或者性能更好的低能耗材料替代传统能源材料。新能源力发展所带来的劳动工具、劳动者以及劳动对象的改变都将会形成一种新的生产力。

新能源力作为一种新的生产力更加强调形成可持续发展的推动力。当新能源及其相关产品被应用于社会生产和生活过程之中,会形成生产力范畴的新能源力。能源作为社会经济运行的血液,一旦发生变革必将会引领社会生产和消费方式的变革。传统自然力推动了工业经济的发展,而新能源与新技术的结合将会推动可持续经济的发展,这是由新能源无限性、共享性和清洁性的特点所决定的。无限性是指新能源力不仅储量丰富,而且具有可再生性,并形成可循环的利用体系,有利于人类对能源的可持续转化与利用。共享性是指新能源的生产和消费可以以共享的方式实现。清洁性是指新能源力的零排放性和低碳性,例如当前的新能源汽车可以实现尾气零排放。新能源力对传统自然力的替代将会实现生产方式和消费方式的整体性变革,即不仅体现在新能源力的生产环节,还体现在其消费环节,在过程中实现共享,更在结果上表现为均衡。

一方面,在生产过程中,新能源生产方式的共享性决定了资源的共享性,典型的例子是地球表面的太阳光热及风能存在空间普遍性,个体均可以利用这一共享性的资源,这就解决了传统能源的稀缺问题;另一方面,在消费过程中,智能互联网的提出和构建为实现未来新能源力消费的共享提供了一条可能的路径,即在现有能源供给系统与配电网络的基础上,融入新能源与互联网的先进技术,将分布式能源采集装置互联以实现能量与信息双向流动的能源对接与网络共享,从而构建以新能源发电为基础的能源互联网络,通过智能管理系统实现实时、高效和双向的信息化调度与配置。物联网化的新能源力可以促进个体能源消费的均衡化,这有助于缓解当下化石能源区域储藏差异引致的利益沟壑。同时其清洁性特点会实现环境保护,从而降低污染对劳动者所带来的伤害,保障劳动者的健康,即新能源所引领的新生产方式以及劳动力再生产过程的健康化可以进一步推动经济可持续发展。

从新能源力上述两层内涵可以发现,新能源力本质上是一种经济力。它与自然力不同,新能源力的外延要大于自然力的外延。自然力属于生产力范畴,但是其仅仅是指未加入任何人类劳动的自然资源的组合,在一定的技术条件下可以被纳入生产,从而形成生产力。但是新能源力不仅仅是自然力的替代,如果仅仅是自然力的替代,完全可以将其看作是自然力在现时期的表现形式或者过渡时期,而没有必要提出"新能源力"。新能源力不仅仅是可再生能源的新组合,它更是一种新的经济形态,由于使用可再生能源的迫切性和需要,从而形成与之相匹配的一系列生产方式和消费方式。我们更为强调的是这种新能源力作为一个经济力系统,如何才能使其更好发展,不仅起到替代传统能源、保护环境的功能,还能发挥其作为新兴战略产业的经济拉动功能。

总而言之,从系统的视角出发,它包括了新能源替代力、新能源技术力、新能源生产力和新能源消费力四大分力,这些分力以一定的关系相互耦合形成新能源力。从整体效果来讲,新能源力是为了替代传统能源体系,在新技术基础上,对新能源及其相关产品生产和消费的能力,进一步形成了对可持续经济发展的推动力,它的本质是一种经济力。

(二)新能源力的外延

新能源力的外延即新能源力内涵的具体表现形式,按照不同标准的划分,新能源力又有着不同的分类。

就新能源的种类划分来看,按照联合国第 33 届大会第 148 号会议对新能源的划分种类来看,新能源力可以归纳为太阳能力、风能力、生物质能力、潮汐能力等 14 种形式;按照联合国开发计划署对新能源的划分,新能源力可以归纳为传统生物质能力、大型水电能力和可再生能源力三种形式。就目前来看,太阳能力、风能力以及水电能力在新能源力中的发展比较迅速,也表现为太阳能、风能和水能在新能源消费中所占比重较高。2000—2013 年,全球风电、太阳能发电的装机容量年均增长率分别约为 25％和 44％。①

从能量来源形式或者说从能量的客观存在而言,新能源力大致可划分为辐射能力、流体能力、化学能力和热力能力等。其中,辐射能力即以电磁波辐射途径在空间中提供直接能量传递,如太阳能、地质放射能、宇宙射线能等;流体能力即能源介质为液体或固体状态,在特殊物理环境下产生流动,整体产生动能推动特定能量采集设备而产生能量转化,例如风能推动风机、水能推动水轮机发电等;化学能力即能源主体通过化学反应进行能量转换进而为人们所采集和利用,如生物质燃料、乙醇燃料、氢燃料燃烧等;热力能即能源主体携带与自然界平均热力差,通过热力差作用产生热电偶效应,继而在热力采集设备的作用下转换为电能或其他能量形式,转换过程为纯热力效应不携带任何化学过程,如地热泉能、火山能等。

如果从能源史的演进过程来看,能源力大致可分为可再生能源力、传统自然力和新能源力。目前所处的阶段便是由传统自然力向新能源力逐步过渡的阶段。新能源是一个相对的、历史范畴的概念,它是相对于传统能源而

①　刘振亚:《全球能源互联网》,中国电力出版社 2015 年版,第 86 页。

言的。在社会发展的过程中,能源结构在不断地调整。在 19 世纪中期,人类消耗的能源是以薪柴为代表的可再生能源,煤炭在能源使用过程中的总量占比不超过 20％;在工业革命发生后的数百年里,煤炭在能源使用总量中的比例不断增加,至 20 世纪初期已经达到了 70％以上。20 世纪以来,石油作为一种新的能源形式,在能源使用总量中的比例不断增加。近 20 年,世界能源耗费则以煤炭、石油和天然气三者为主。每次能源格局的巨大变革都会带来经济力的飞速增长,尤其是工业革命以来。近三百年的工业文明不仅是人类经济的历史嬗变,更是对地球上几十万年物质变换才能形成的煤炭等不可再生能源的革命。传统能源数量有限且不可持续,而新能源力潜能巨大,随着技术的进步,其将不断替代传统能源,打开能源结构的新格局。当然,新能源力可能也只是能源力演进史中的一个阶段性表现。

第二节　新能源力是一个合力的系统

新能源力是一个由新能源替代力、新能源技术力、新能源生产力和新能源消费力四大分力所构成的系统合力。新能源力的四大分力并不是孤立的存在,而是相互联系、相互影响、相互作用的。其中,新能源替代力是出发点,新能源技术力是核心,新能源生产力是基础,新能源消费力是最终实现。

一、新能源力的系统结构

新能源力系统是整个经济系统中的一个子系统,它是一个具有自身功能的独立系统,它由与其他子系统相区别的系统组成,因此,明确新能源力系统的结构是我们研究其运转的逻辑起点。新能源力系统是由新能源替代力、新能源技术力、新能源生产力和新能源消费力所构成的"力"的集合,那么,这四大分力在系统中的角色分别是什么？这是我们首先需要探究的问题。

（一）新能源力是一个"力"的集合

新能源力不是一个单纯的力，而是一种系统的合力，至少包括新能源替代力、新能源技术力、新能源生产力和新能源消费力四大分力。用集合的表示方法，我们可以将新能源力进一步表述为：新能源力＝{新能源替代力，新能源技术力，新能源生产力，新能源消费力}。

新能源替代力是指社会中使用新能源及其相关产品替代传统能源的能力。它是新能源力系统的出发点，也同时是复归点。前者是说，人们首先需要淘汰传统能源，进而展开对新能源产品技术的研发、生产和消费，因此是出发点；后者是说新能源替代力是新能源技术力、新能源生产力和新能源消费力的综合表现，它可以进一步反映新能源替代传统能源的情况和进展，从而进一步形成新能源力系统下一次运转的出发点。

新能源技术力是指新能源企业研发和利用新能源技术的能力，按照技术生命周期过程，可以抽象为技术创新力和技术扩散力，即新能源企业进行新能源技术创新和扩散的能力。技术生命周期可以划分为起步、成长、成熟和衰退四个阶段，在起步阶段主要进行技术研发，后面三个阶段则是技术扩散的不同阶段，因此，我们直接将技术的生命周期抽象为技术创新和扩散阶段。马克思认为，技术力首先表现为科学知识的累积，它是历史的、脑力的产物，他指出，"作为资本关系的基础和起点的现有的劳动生产率，不是自然的恩惠，而是几十万年历史的恩惠"[1]。因此，"一般劳动是一切科学工作，一切发现，一切发明。这种劳动部分地以今人的协作为条件，部分地又以对前人劳动的利用为条件"[2]。新能源作为一种新的技术，它的形成首先是一种科学知识的累积，当累积到一定程度后，就有了新能源产品的发明和普及，也就是说，新能源技术得到创新和扩散。那么，新能源企业对新能源技术进行创新和扩散的能力就至关重要，这是新能源力系统的核心部分。

---

[1]　马克思：《资本论》(第 1 卷)，人民出版社 2004 年版，第 586 页。
[2]　马克思：《资本论》(第 3 卷)，人民出版社 2004 年版，第 119 页。

　　新能源生产力是指在一定技术水平下,新能源企业进行新能源产品生产的能力。新能源技术力只是一种潜在的力量,只有将新能源技术力从研发阶段转换到应用阶段,才能在现实经济中发挥新能源技术的力量,才能实现新能源企业生产的能力。生产只是一个过程,而生产力是一个行为的结果,表示生产的能力或者效率。马克思以劳动生产率来衡量劳动生产力,即劳动生产率是指单位时间生产某一产品的数量或者生产单位产品所用时间的多少。按照这个逻辑,企业进行新能源产品的生产能力可以以新能源企业的生产效率来测度,且有两种方法:一种是测量在一定的投入下生产新能源产品的数量,另一种则是测量生产某一单位新能源产品所需要的投入量。新能源生产效率是对新能源企业生产能力的一种测度,新能源生产力的高低决定了新能源力系统运行的层次高低。如果一国的新能源生产力只集中体现在低端的新能源产品,那么,该国新能源力对经济的推动作用也将微乎其微。

　　新能源消费力是指消费者进行新能源产品消费的能力。生产的目的是消费,新能源力是一种新的生产力,新能源的消费也是一种"力",它表示人们对新能源产品消费的能力。从这种意义上来讲,"消费的能力是消费的条件,因而是消费的首要手段,而这种能力是一种个人才能的发展,一种生产力的发展"①。新能源力无论是作为传统自然力的替代力、技术力还是新生产力,其都是为了满足人们对新能源在生产和生活中的需求。因此,这种消费力包含着生产的和生活过程中对新能源的消费力。在生产、分配、交换和消费这四个环节中,"生产表现为起点,消费表现为终点"②,在这里消费是作为社会再生产过程的一个环节或一种行为。消费力可被视作对消费行为结果(包括产品规模和实现程度)的一种衡量,一方面,它可以检验社会生产总过程的运行状态及效率;另一方面,它可以向社会再生产的其他环节进行反馈,为社会再生产过程的循环提供新的需要,从而可以形成一轮新的运行

---

　　① 《马克思恩格斯全集》(第46卷)(下册),人民出版社1980年版,第225页。
　　② 《马克思恩格斯选集》(第2卷),人民出版社1972年版,第91页。

结构。

（二）各系统分力的地位

首先，替代力是新能源力系统的出发点。淘汰传统能源是现实所趋，发展新能源力的现实需要也就成为新能源力系统运转的初始动力。马克思在当时的背景下已经预见到自然力的过度使用会对经济活动产生约束，"资本主义生产使它汇集在各个大中心的城市人口越来越占优势，这样一来，它一方面聚集着社会的历史动力，另一方面又破坏着任何土地之间的物质变换，也就是使人以衣食形式消费掉的土地的组成部分不能回归土地，从而破坏土地持久肥力的永恒的自然条件"[①]。与此同时，人类还会反噬其果，"我们不要过分陶醉于对自然界的胜利。对于每一次这样的胜利，自然界都报复了我们。每一次胜利，在第一步都确实取得了我们的预期的结果，但在第二步和第三步却有了完全不同的、出乎预料的影响，常常把第一个结果又取消了"[②]。在现实经济条件下，传统工业经济竭泽而渔式的生产和消费方式已经不能维持人类可持续发展的需要，化石能源数量的绝对稀缺和环境的承载力形成了对该能源利用形式的限制。面对这种限制，首先要做的就是淘汰传统能源体系，正如对一座旧的房子重新装修时，首先要做的就是拆除旧的装修。同理，要进行能源体系的变革，首先就要以新能源替代传统能源，这是初始点，也是复归点。

其次，新能源技术力是新能源力系统的关键。新能源技术力在新能源力系统中处于关键地位，没有新能源技术力就不可能有新能源力的存在。新能源力系统运转的关键在于新能源技术创新和扩散。马克思也曾明确指出，将自然力纳入社会生产生活过程的条件就是科学技术，"正像人呼吸需要肺一样，人要在生产上消费自然力，就需要一种'人的手的创造物'。要利用水的动力，就要有水车，要利用蒸汽的压力，就要有蒸汽机"[③]。而且，技术水平的高低还决定了对能源利用种类的多寡与效率的高低。能源革命在本质上就

① 马克思：《资本论》（第 1 卷），人民出版社 2004 年版，第 579 页。

② 《马克思恩格斯选集》（第 3 卷），人民出版社 1995 年版，第 517 页。

③ 马克思：《资本论》（第 1 卷），人民出版社 2004 年版，第 444 页。

是技术革命,历史上的屡次能源革命对此都提供了很好的佐证,诸如,蒸汽机的大规模应用将煤炭直接从属于生产,内燃机的大面积使用使得石油等化石能源直接燃烧成为可能。因此,新能源力系统得以运转是技术使然。

再次,新能源生产力是新能源力系统的基础。新能源力发展的目的是将新能源运用于社会生产和社会生活过程,转化为一种现实的生产能力。新能源生产力的大小决定了替代力能否增强、技术力可否转化和消费力能否实现。因此,其是保证新能源力系统接替连续、运转协调的基础。马克思也认为,生产力甚至是社会发展的基础,"人们不能自由选择自己的生产力——这是他们的全部历史的基础"①。将范围缩小至新能源经济系统,新能源力发展所引领的新生产力无疑是新能源力系统的基础。其"新"体现为新能源发展会形成以新生产力为核心的一系列经济新形态,从而发挥其对可持续经济的推动作用。

最后,新能源消费力是新能源力系统的最终实现。新能源消费力是新能源力系统可持续运转的最终目的,同时也是这个系统重新开始运转的起点,是新能源系统得以可持续运转的必要条件。在新能源力系统中,新能源替代力、技术力和生产力首先是由其消费力所推动的,如果在生产和生活过程中没有对新能源的需求,就不会有新能源消费力的存在,进而不会有新能源替代力、技术力和生产力。因此,新能源消费力会对新能源经济发展产生重要的作用,诚如马克思所指出,"消费力的发展和变化,理所当然地也会影响生产力"②。当然,生产力决定消费力,新能源生产力的大小决定其消费力的大小。"由于任何消费对象都是生产的结果,因而生产力决定消费力。"③

（三）新能源力的系统结构

所谓系统结构,是指系统内部各要素按照一定系统目的相互联系、相互作用的方式或者秩序。新能源力是一个由新能源替代力、技术力、生产力和消费力作为要素所构成的系统。这个系统不是这四大分力的简单叠

---

① 《马克思恩格斯选集》(第4卷),人民出版社1995年版,第532页。
② 程恩富:"论经济力中的消费力及与消费关系的辩证运动",《消费经济》1997年第6期。
③ 程恩富:"论经济力中的消费力及与消费关系的辩证运动",《消费经济》1997年第6期。

加,它是这四个力彼此相互联系、相互作用、相互影响、相互依存而形成的一种复杂的关系。就系统内部而言,这种关系就是新能源力系统的结构;而从系统外部来看,这种关系形成了新能源力系统的运行方式、运行过程和运行结果。

将新能源力系统中分力的集合表示为 S,则 $S=\{s_1,s_2,s_3,s_4\}$,即:$S=$｛新能源替代力,新能源技术力,新能源生产力,新能源消费力｝。用 R 表示新能源力四大要素之间相互关系的集合,则 $R=\{r_1,r_2,r_3,r_4,r_5\}$,即:$R=$｛新能源替代力关系,新能源技术力关系,新能源生产力关系,新能源消费力关系,系统环境关系｝。

根据生产力决定生产关系的原理,我们可以得出新能源替代力决定其替代关系,新能源技术力决定其技术关系,新能源生产力决定其生产关系,新能源消费力决定其消费关系。新能源力是其四大系统分力相互作用效果的一个反映,只有这四大分力协调作用才能形成对新能源力的反作用力。我们可以将新能源力的系统结构简单表示为图 3.1。

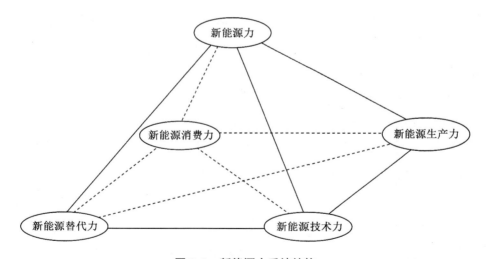

图 3.1　新能源力系统结构

二、新能源力的系统环境[①]

　　系统是在一定的环境中产生、运行、演化和发展的,离开了环境系统将难以存续。系统环境的复杂性也决定了系统的复杂性,因此,要分析清楚系统就必须分析清楚其环境。

　　所谓系统环境就是指在系统之外与之相关的所有事物的集合,那么,新能源力系统的系统环境就是指任何与新能源力系统相联系的因素的集合。这是一个全面却又宽泛和模糊的界定。总体来看,新能源力系统的系统环境包括整个社会的政治、经济和文化结构,整个社会环境都与新能源力系统存在一定的关系,但这些影响多表现为间接的。如果按照这样的界定对新能源力系统的环境进行分析,我们将难以抽离出影响新能源力系统运转、演化的主要矛盾,这也不是我们研究其系统环境的目的所在。本研究主要探讨对新能源力系统产生直接影响的系统环境,即整体性的市场制度中与新能源力系统相关的部分。整体性的市场制度应该包括以下三个方面:一是市场经济体制,二是市场经济条件下的正式制度,三是市场经济条件下的非正式制度。诺斯(Douglass C. North)曾经指出,"人类所有有组织的活动,不论是体育运动还是经济运行活动,都需要有一定的结构来指导那个'游戏规则'。这个结构是由一系列制度——正式的规则、非正式的行为规范及其实施特征——组成的"[②]。其进一步将制度结构归结为政治结构、产权结构和社会结构,其中,政治结构确立了政治选择的方式,产权结构确立了正式的经济激励,社会结构确立了经济活动中的非正式激励。[③] 新能源力系统处于市场经济体制之中,因此,市场经济体制会对新能源力系统产生直接的影响;市场经济条件下的正式制度就是指一系列成文规定,包括中央和地方的相关法律、法规、合

---

　　① 本部分关于"整体性市场制度"的阐述主要引自已经发表的论文,即:冒佩华、王宝珠:"市场制度与生态逻辑",《教学与研究》2014 年第 8 期。

　　② 道格拉斯·诺斯:《理解经济变迁过程》,中国人民大学出版社 2008 年版,第 45 页。

　　③ 道格拉斯·诺斯:《理解经济变迁过程》,中国人民大学出版社 2008 年版,第 46 页。

同以及企事业部门的规则规定等,这是指与新能源相关的直接和间接的扶持
体系;市场经济条件下的非正式制度是指在人们长期的社会交往中逐步形
成,并得到社会认可的一系列约束,包括价值信念、伦理道德、文化传统、风俗
习惯等①,这里是指依靠意识形态理性自觉力量形成的与新能源相关的观念
体系,这是一种潜在的无形的力量。可以将新能源力系统的系统环境表示为
图 3.2:

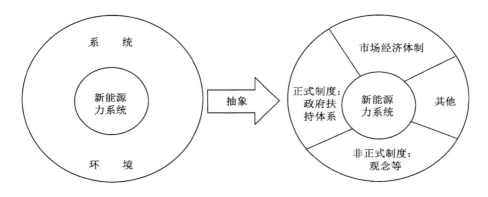

图 3.2　新能源力系统环境

　　就市场经济体制而言,新能源力系统处于市场经济环境之中,其研发、生
产、消费过程也都处于能源产品市场环境之中。"市场机制是通过市场价格
的波动、市场主体对各自利益的竞争、供求关系的变化调节经济运行的机制。
市场机制也是价值规律、供求规律、竞争规律等市场经济规律发生调节作用
的机制。"②市场机制是一个以市场价格为核心的机制,通过价格机制调节市
场参与主体的利益矩阵,从而改变参与主体的决策、行为以及结果。市场经
济体制是市场主体在一系列的制度安排、制度约束下追求利润最大化的过
程,要使新能源力系统能在市场经济环境中良好运行、健康发展,就得保持新
能源力系统中各参与主体的利益相互均衡,且在与新能源产品具备替代能力

　　①　蒋万胜:《中国市场经济秩序型构的非正式制度分析》,中国社会科学出版社 2009 年版,第 67 页。
　　②　程恩富、冯金华、马艳:《现代政治经济学新编》(完整版),上海财经大学出版社 2008 年版,第
231 页。

的产品竞争中得到生存和发展。

所谓与新能源力系统相关的正式制度就是指一种与新能源力系统各环节参与主体相关的一系列激励机制,参与主体会根据这种激励机制做出相关的决策和行为。与新能源力相关的正式制度体系建设包括以下两个层次:一是直接的正式制度,即政府有关新能源方面的直接扶持体系,包括对新能源技术研发、生产以及消费方面的扶持举措;二是间接的正式制度,包括生态环境保护法律体系的构建、污染税费的征收和环保监督体系的构建,等等。

所谓与新能源相关的非正式制度是指由绿色价值观、绿色生产观、绿色消费观以及绿色发展观等一系列可持续观念所构成的意识体系。因为法律规章等正式制度仅仅提供了一套市场主体共同遵守的规则体系,但市场主体事实上具有潜在的违规动机,它们为了追求自身利益最大化,总是要想方设法规避法律规章的约束,从而存在破坏环境生态的潜在风险,降低制度保护自然生态环境的效率。因此,需要有一个权威、中立、超经济的监督主体,维护法律规章制度的权威性和有效性,并通过正式制度的长期有效约束和有效监督,逐步形成一套完备的可验证的社会诚信体系,从而形成保护生态环境的理性自觉力量即非正式制度。比如,在中国共产党第十八届中央委员会第五次全体会议中所提出的新发展理念"创新、协调、绿色、开放和共享",将"绿色"与"创新""协调""开放""共享"置于同等地位,在转变发展方式、厚植发展优势的过程中,强调"绿色"发展理念,重视人与自然的关系,这就会促进人们的资源环境保护意识,自觉加强对新能源产品的使用,这就形成了一种潜在的、内在的、无形的影响力量。

第三节　新能源力系统的演化分析

演化是系统的一个基本特性,即系统的状态会随着时间和空间的变化而

发生变化。那么,新能源力系统如何演化,演化的特征是什么,以及系统分力
如何辩证运动就是本节需要讨论的问题。

一、新能源力系统演化的内涵与特征

演化这一概念源于生物学,原指生物群落由低级向高级、由简单到复杂
的一个渐进式变化过程。最近兴起的演化经济学正是基于演化这一定义对
经济系统中子系统或者系统要素的创生、扩散以及由此导致的结构性变化进
行研究。新能源力系统也在不断地演化。

（一）新能源力系统的演化内涵

从能源史演绎角度来看,新能源力系统演化是一种广义视角下的社会能
源体系的更迭。人们对能源的利用经历了由"柴草""煤炭""石油"向"新能
源"转变的过程,目前正处于第三阶段向第四阶段的演化进程之中。我们在
前面已经论述过,"新能源"的"新"是一个相对的概念,比如在"火与柴草"时
代向"煤炭与蒸汽机"时代的转变过程中,"煤炭"也是一种"新能源",在"煤炭
与蒸汽机"向"石油与内燃机"转变的过程中,"石油"是一种"新能源"。因此,
从历史演绎的视角来看,新能源力演化是指从对"柴草""煤炭""石油"向"新
能源"演变的过程,这是一个历史的相对的过程,也体现了技术由低级向高级
的演化过程。

从系统内部来看,新能源力系统演化是狭义上的新能源力系统运转的不
断变化过程,即主要表现为由其内部分力相互作用而形成的一个过程,或者
说是新能源力系统的一种运转过程。这也是本研究后续侧重探讨的演化过
程(运转过程),在第四章及以后的探究中,若涉及新能源力系统演化皆是指
狭义上的演化。

首先,新能源力系统是一个由简单到复杂的演化过程。最初始的时候人
们对新能源仅仅是出于健康、环境的需要,想要用新能源替代传统能源。但
横亘在新旧能源替代之间的鸿沟是技术,于是有了新能源技术,然而技术不

能直接实现人们的需要,它需要被转为一种现实的生产力,于是有了新能源生产力,最后才能实现新能源消费力。在消费之后,人们对新能源产品会产生进一步的要求,最终形成了新能源力系统的循环运转过程。人们对新能源的需要催生了新能源技术、生产和消费,这就说明新能源力系统演化是由新能源替代力、技术力、生产力再发展到消费力的不断复杂化过程,即其系统分力是由简单到复杂的演化过程。

其次,新能源力系统总是遵循着"冲突—适应—……冲突—适应……"的交织过程。比如,当新能源力系统内部的冲突表现为其生产力不能满足消费力时,新能源企业往往会选择提高生产力水平,这就需要技术力水平也相应提高,当它们相适应时,新能源力将朝着更高层次的方向发展,从而形成了新能源力系统的演化过程。

（二）新能源力系统分力的演化内涵

新能源力系统的演化源于其系统分力的演化以及相互关系的辩证运动。由于系统要素之间的联系性,某一分力的演化都会引起其他分力发生变化,厘清这些分力之间辩证关系的前提是厘清这些分力自身的演化内涵。

首先,新能源替代力演化在微观层面上是指消费者出于资源环境或者健康的需要,逐步淘汰传统能源产品的过程,当然这一过程并非一定完全理性,它是根据消费者有限的学习时间和能力进行试错和调整,同时对演化环境不断适应的一个过程;在宏观层面上表现为整个社会逐步选择新能源产品的过程。

其次,新能源技术力的演化在微观上表现为企业以一种更高收益的技术替代原有收益较低的技术,这一过程既包括企业利用已有技术空间中的技术,也包括企业通过技术创新所获得的新技术;其在宏观上的演化则包括技术空间和使用频数两个变化维度。但无论是微观还是宏观视角,新能源技术力演化都可以抽象为新能源技术创新力和新能源技术扩散力两大方面。新能源技术创新力演化是指新能源技术空间的拓展过程;新能源技术扩散力演化则是其被学习和使用的过程,进而不断扩大技术的使用数量和影响。

再次,新能源生产力演化不仅在微观上表现为企业放弃低端新能源产品的生产而转向高端产品的生产过程;也在宏观上表现为能源形式更新换代的过程中,新能源产品市场份额的不断扩大。不仅如此,其在纵向上表现为由低端到高端的演进过程,比如其产品质量的不断提高,在国内外市场竞争力越发增强;其在横向上更表现为新能源产品生产所带动的上下游产业链演化。这里需要说明的是,新能源生产力的演化取决于新能源核心技术水平的提升,只有技术创新才能够实现新能源生产力飞跃式进步。

最后,新能源消费力的演化是指在微观层面表现为消费者通过对比传统能源产品和新能源产品的特性,根据自身情况选择新能源产品的过程;而在宏观层面,新能源消费力演化可被视作能源类产品消费空间的扩展以及消费者对新旧能源产品选择的变化,即新能源产品市场份额不断扩大的过程。

(三)新能源力系统的演化特征

新能源力系统至少存在三个特征:

一是结构性,即新能源力系统的系统分力遵循一定的系统关系相互作用,这种互动关系表现为其结构性特征,结构性变化并不是新能源力系统的结果而是其发生演化的原因。

二是动态性,随着系统分力的不断演化,新能源力系统结构并非一成不变而是随之变化,始终处于一种动态变化的过程之中。

三是非协调性,新能源力系统的发展源于四大分力的共同发展,而不同分力的增长率会出现差异性,这种非平衡的增长率就可能带来新能源力系统的非协调性变化。

二、新能源系统分力之间的辩证逻辑

新能源力系统的演化方向和速度取决于其系统分力之间的辩证运动。新能源力系统的可持续运转表现为"替代力—技术力—生产力—消费力—新替代力—新技术力—新生产力—……"这样一个循环过程,每两个环节之间均紧密相连,环环相扣,且处于一种辩证的运动状态。

（一）新能源替代力与技术力、生产力、消费力之间的辩证关系

第一,新能源替代力会影响新能源技术力,反过来新能源技术力也会影响新能源替代力。首先,新能源替代力通过两条途径作用于新能源技术力,一是通过方向,替代力反映了消费者的偏好和需求,这就要求技术创新力的提升,需要研发出更多的产品以满足消费者的需求,从而才能实现新能源对传统能源的替代;二是速度,对传统能源淘汰的速度越快,对新能源技术扩散速度和广度的要求就越高,这就促进了新能源技术扩散力。其次,新能源技术力也会通过两条路径作用于新能源替代力:一是新能源技术创新力为新能源替代力的实现提供了可能;二是新能源技术扩散力加速了新能源替代力的实现。

第二,新能源替代力会影响新能源生产力,新能源生产力决定了新能源替代力。首先,新能源替代力会影响新能源生产力这一过程,需要以"技术力"为中介,技术力是新能源替代力得以实现的保障,也是新能源生产力按照新能源替代力方向发展的一个条件。新能源替代力还会影响新能源生产力的方向,其要求水平的高低将直接影响新能源生产力向高端还是低端方向发展。其次,新能源生产力决定了新能源替代力的方向和速度。一方面,新能源生产力质量的高低决定了新能源替代力的质量,如果有关新能源产品的质量比较高,使用这些新能源产品替代传统能源产品才能成为现实,否则消费者不会淘汰传统能源产品而选择新能源产品。另一方面,新能源生产力的速度决定了新能源替代力的速度。新能源生产力发展得越快,其产品越能够在市场上迅速扩张份额,这会潜移默化地影响人们对于新能源产品的选择,从而提升新能源替代力的速度。

第三,新能源替代力会影响新能源消费力,新能源消费力也会进一步促进新能源替代力的演进。新能源替代力源于人们对新能源产品的一种需要,有了这种需要,以新能源技术力和生产力为中介,消费者的需要能够得到满足,这就形成了新能源消费力。反过来,新能源消费力的实现会进一步促进

新能源替代力的发展。从微观方面来看,因为消费者在使用新能源产品的过程中会对新能源产品形成新的需要,包括对产品改良或者生成新的偏好等,都会演化为对新能源替代力的要求,这就会形成新的新能源替代力,从而产生新的技术力、生产力和消费力,如此循环。从宏观方面来看,新能源消费力的实现在量上形成了新能源替代力,新能源对传统能源替代的能力正是以新能源消费能力的实现为前提。也就是说,新能源替代力既是新能源力系统的初始出发点,也是这个系统的复归点。

（二）新能源技术力与生产力、消费力之间的辩证关系

首先,新能源技术力与生产力之间存在作用与反作用的辩证逻辑。按照技术的传播过程,我们可以将其抽象为创新和扩散两大阶段。这样,新能源技术力分解为创新力和扩散力。为了进一步说明新能源技术力对生产力的关系,我们考虑技术水平对能量产出函数的影响,假设可使用的能量总量变化完全是由技术进步导致的。如图 3.3 所示,进一步假定在 $0-t_1$ 工业革命以前时期的能量生产函数为 Y_1,当时的技术水平只能利用以木材和柴草等为主的可再生能源,尽管资源广泛,但囿于技术水平,人类也只能小规模地使用可再生能源以满足生活所需;在 t_1-t_2 工业经济阶段的能源生产函数为 Y_2,技术创新表现为蒸汽机和内燃机等机器的发明,并且随着这种能源技术在生产过程中的扩散,不可再生能源被大规模地纳入生产,一时间在量上迅速提升了生产力。但不能忽视的是,这仍属于一种“拿来就用”的技术水平,即将地球经过几十万年物质变换而产生的不可再生能源能量进行集中释放的一种经济形态,“作为资本关系的基础和起点的现有的劳动生产率,不是自然的恩惠,而是几十万年历史的恩惠”[1]。假设 t_2 时期以后的能源生产函数是 Y_3,新能源技术的创新使得可再生能源以一种新的形式被使用,而且新能源技术的选择和扩散会使新能源生产力以一种“跳跃式”的方式扩展,突破资源和环境的限制,一旦新能源技术扩散,生产力的质量将大幅提升。

反过来,新能源生产力也会影响其技术力。一方面,企业为了获得更高

---

① 马克思:《资本论》(第 1 卷),人民出版社 2004 年版,第 586 页。

的利润,会努力提高自身的生产力,而技术进步是提高生产力的一条有效路径。企业可能进行技术创新,也有可能通过技术扩散,只为降低新能源产品价值以获得更多的剩余价值。另一方面,随着新能源生产不断从低端向高端演化,参与主体对新能源产品的认知不断加深,新能源市场需求也不断扩大,这时企业会扩大新能源的生产份额,从而带来更多的剩余价值,继而产生更多的资金流向新能源技术研发环节。因此,新能源生产力会反作用于新能源技术力。

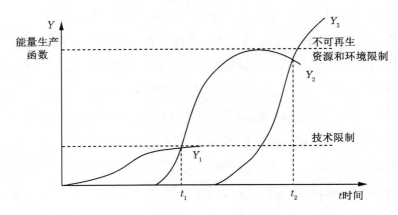

图 3.3　技术进步与能量生产函数①

其次,新能源技术力与消费力之间存在辩证关系。新能源技术力对其消费力的作用路径有两条:一是技术创新力会拓展消费的空间,从而催生新的消费力;二是技术扩散力意指某一技术趋于成熟,从而会引致与之相关产品成本的降低,这就会刺激消费者对该种产品的需求,从而带来新能源消费力的增强。

最后,新能源消费力也会对新能源技术力产生影响,具体表现为:一是新能源消费力通过消费者偏好的改变激起其对新产品的需求,这会引致消费者投资和储蓄方向的改变,从而影响生产者对于新技术的选择和投资,进一步

①　t_1 约为世界第一次工业革命开始之时(1800 年);t_2 为假定时间,其与新能源能量生产函数的交点也有可能出现在 Y_2 最高点之前,这与新能源技术的进步速率有关。

影响新能源技术创新力的方向；二是新能源消费力的演变会改变市场上的产品消费结构，一方面这本身就已经构成了技术的市场选择环境，另一方面这也会引起生产者技术的收益矩阵的变化，从而直接影响技术扩散力。

（三）新能源生产力与消费力的辩证关系

新能源生产与消费的辩证关系表现为作用与反作用的关系。遵循马克思的逻辑，生产决定消费，消费同样也会反作用于生产。从系统关系来看，新能源生产力是通过三条路径决定了消费力：

一是通过产品空间的丰富性拓展了新能源产品的种类、质量和数量，这样消费者就有了更多的选择，从而会影响消费力。一般而言，有什么样的生产力就会有什么样的消费力，也就是说新能源生产力的结构、质量决定了消费力的结构和质量。

二是新能源产品质量也决定了消费主体的消费能力。马克思曾经论述，"不仅消费的对象，而且消费的方式，不仅在客体方面，而且在主体方面，都是生产所生产的"[①]。

三是新能源生产力决定了消费者和新能源产品的结合方式，即决定了新能源的消费方式。比如，新能源电动车和电动汽车的不同设计就决定了消费者的使用方式存在差异。

反之，新能源消费力也会反作用于新能源生产力。"由于任何消费对象都是生产的结果，因而生产力决定消费力……同时，我们必须认识到，消费力的发展和变化，理所当然地也会影响生产力。"[②]首先，新能源消费力的实现为新能源生产力提供了再生产的动力。其次，新能源消费的信息反馈为生产力提供了新的方向。消费者经过消费之后可能提出新的发展愿景，这就会进一步推动生产力的发展。最后，新能源消费力的实现还能够为生产力提供健康的劳动力。新能源消费力的实现可以净化空气、减少污染，这对人类健康的提升有着直接的帮助，因此，从事新能源行业的劳动力能够在新能源生产

---

① 《马克思恩格斯选集》（第 2 卷），人民出版社 2012 年版，第 692 页。

② 程恩富："论经济力中的消费力及与消费关系的辩证运动"，《消费经济》1997 年第 6 期。

过程中发挥更大的作用。新能源消费力和新能源生产力在量上应该相匹配，若失去新能源消费力就会逐渐削弱新能源生产力。如图 3.4 所示，当新能源生产力（OA）和新能源消费力（AB）处于平衡状态时，两者之间的新能源力才能够实现最优。然而，如果新能源消费力只能达到（AB′），这样在新能源力供给不发生变化的情况下，新能源经济力只能达到 OB'（$<OB$）。因此，消费力是新能源力的一种最终实现。若某一产品或者产业在消费环节呈现十分薄弱的状态，那么这必将遏制其生产等其他环节的发展。新能源生产力需要消费力与之匹配，新能源消费力则需要生产力予以支撑，两者相辅相成。

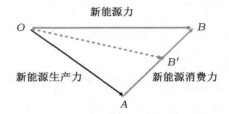

图 3.4　新能源经济力平衡关系

第四章 新能源力系统的市场逻辑与政府扶持

　　十八届三中全会审议通过的《中共中央关于全面深化改革若干重大问题的决定》中强调在深化改革的过程中,需要发挥市场在资源配置中的决定性作用,"但不可否认的是,在一些重大战略调整领域,如市场主体尚未发育成熟的新型产业等,政府仍需要通过财政补贴、投资规划等手段加以引导"①。我们既要重视市场的决定性作用,也需要考虑更好地发挥政府的功能。目前我国正由"要素、资源和投资"驱动型经济增长向"创新、协调、绿色、开放、共享"的发展方式转变,新能源力系统运转至少涉及"创新"和"绿色"两大发展理念。但新能源力系统具有市场失灵、市场悖论以及未来利益的特点,这就亟须政府在其发展初期进行引导和扶持,从而在取消扶持之后能够形成可持续的动力。因此,本章首先介绍了新能源力系统的动力源和动力机制,其次阐释了新能源力系统的市场逻辑,最后,对新能源力系统初期运转的政府扶持机理进行了剖析。

---

　　① 周亚虹,等:"政府扶持与新型产业发展——以新能源为例",《经济研究》2015 年第 6 期。

第一节   新能源力系统的动力分析

根据系统论的一般原理,系统内部要素之间的互动及系统与系统环境间的相互作用是系统演化的动力。这里的系统运转是在第三章所论述的新能源力系统狭义上的演化。也就是说,新能源力系统运转不仅受到内在分力相互作用的影响,还会受到外在环境的作用,本节将具体探究新能源力系统运转的动力源以及动力机制。

一、新能源力系统的动力源

系统发生演化可能是由于内部分力发生作用,也可能是外部环境发生变化,也有可能是两者的同时作用。根据这样的逻辑,我们从原动力、内在动力和外在动力三个视角对新能源力系统的动力源进行了分析。

(一)新能源力系统的原动力——人类的需要

在社会科学中,一切运动的逻辑起点都是人类的需要。诚如恩格斯所指出,"正像达尔文发现有机界的发展规律一样,马克思发现了人类历史的发展规律,即历来为繁芜丛杂的意识形态所掩盖着的一个简单事实:人们首先必须吃、喝、住、穿,然后才能从事政治、科学、艺术、宗教等;所以,直接的、物质的生活资料的生产,从而一个民族或一个时代的一定的经济发展阶段,便构成基础,人们的国家设施、法的观点、艺术以至宗教观念,就是从这个基础上发展起来的,因而,也必须由这个基础来解释,而不是像过去那样做得相反"[①]。这段话意在指明"吃、喝、住、行"是人类进行生产生活的第一需要,"吃饱、喝足、住好、行便" 就可以获得一个健康的劳动力,因此,在一般条件下

---

① 《马克思恩格斯选集》(第3卷),人民出版社1995年版,第776页。

"吃、喝、住、行"是劳动力进行再生产的充分条件。这是因为在马克思和恩格斯所处的年代,以化石能源为主的不可再生能源还很充裕,由化石能源燃烧所带来的环境污染问题并未给劳动力再生产过程带来严重的威害。

在数百年后的今天,"吃饱、喝足、住好、行便"只能成为劳动力的必要条件而非充分条件了,比如环境污染也开始影响劳动力的再生产过程。由清华大学、美国健康影响研究所(2010 Global Burden of Disease,GBD 2010)联合发布的《2010年全球疾病负担评估》报告显示,以 PM2.5 为主的室外空气污染对公共健康所造成的风险远超乎人们的想象。仅 2010 年,中国因室外空气污染而死亡的人数在该年全部死亡人数中占比约为 14.9%。而在 2013 年,中科院相关研究表明,传统化石能源燃料的燃烧和排放、工业污染和二次无机气溶胶三者正是形成 PM2.5 污染的罪魁祸首。

由此可见,环境污染已经严重威胁人类健康,而健康是劳动力再生产得以持续的必要条件。也就是说,能源紧张和环境污染已经给人们的生产和生活带来了沉重的压力,这种压力转化为人类对新能源力系统运转的需要。也就是说,人类对新能源力可持续运转的需要形成了其原动力。

（二）新能源力系统的内在动力——系统分力之间的相互作用

根据系统学理论,系统内部各要素或者各子系统之间的相互作用或者矛盾运动是系统动力的来源之一。王朝科、程恩富(2011)曾指出,经济关系对经济力的演化作用表现为正向或者负向,前者是指经济关系协调就会促进经济力的发展,后者是指经济关系彼此矛盾就会阻碍经济力的发展。这为我们关于新能源力系统分力之间的关系对新能源力的作用探析提供了逻辑启示。

新能源替代力、技术力、生产力、消费力的独立存在及其循环反馈的作用关系构成了新能源力系统,并共同成为该系统成长的内生动力。四大分力的相互作用和相互影响构成了新能源力系统内部关系的总和。新能源力系统关系对新能源力的发展也起到两方面的作用,协调的系统关系对新能源力产生正向的促进作用;而不协调的系统关系对新能源力产生负向的制约作用。当新能源替代力、新能源技术力、新能源生产力和新能源消费力之间彼此协调、相互促进时,新能源力系统关系是与新能源力系统演进方向相一致的系统关系,两者形成了协同演进的局面,即新能源力系统关系会促进新能源力系统的协调和高效运转;当新能源替代力、新能源技术力、新能源生产力和新能源消费力之间不相协调、相互矛盾时,这时所形成的新能源力系统关系与新能源力系统演进方向便背道而驰,即新能源力系统关系对新能源力的演进会形成阻碍作用。前者会促进新能源力系统的协调运转,使其朝着一个正确的方向和路径演化;后者会导致新能源力系统运转不相协调、矛盾频出,进而进入一条错误的演化路径。

(三)新能源力系统的外部动力

系统时时处于一定的系统环境之中,这种环境包括自然环境、人文环境、政治环境等。系统的演化必须与系统环境相适应,但这种适应是相对的,而不是绝对的。也就是说,当系统环境发生变化时,系统也应该随之发生变化。马克思在探究生产力与生产关系时,曾指出"社会关系和生产力密切相连"[①],"社会的物质生产力发展到一定阶段,便同它们一直在其中运动的现存生产关系或财产关系(这只是生产关系的法律术语)发生矛盾。于是这些关系便由生产力的发展形式变成生产力的桎梏"[②]。也就是说,生产关系对生产力具有反作用表现为两个方面:一是适应的生产关系促进生产力的发展;二是滞后的生产关系会对生产力起到阻碍作用。新能源力系统是一个开放的系统,它总是会与其环境发生一定的关系和作用,这种关系或作用可能制约或者促进新能源力系统的运转。

综上所述,能够推动新能源力系统运转或者演化的动力源来自原动力——人类的需要,内在动力——系统分力之间的相互作用,以及外在助力——与系统环境之间的相互作用共同推进新能源力系统的运转,从而促进新能源力系统不断发展。

---

①《马克思恩格斯选集》(第1卷),人民出版社1995年版,第141—142页。
②《马克思恩格斯选集》(第2卷),人民出版社1995年版,第32—33页。

二、新能源力系统的动力机制

新能源力系统运转是一个由诸多环节环环相扣而形成的可以协调运转的过程,因此,尽管新能源力系统运转有三大动力源,但其协调运转仍需要一系列连续的作用过程进行融合,这就需要考虑新能源力系统运转的动力机制。从系统的角度来看,结构是指系统分力之间的关系,机制就是指系统分力之间的作用机理,系统结构通过机制而产生功能。

就机制本身而言,动力机制由多个子机制组合而成。也就是说,可以将新能源力系统的动力机制看作是由一系列相互作用、彼此协调的过程相组合而形成。王朝科、程恩富(2011)在研究经济力系统的动力机制时,将经济力系统的动力机制归纳为发生机制、传导机制和共建机制。[①] 根据这一归纳,我们发现新能源力系统的动力机制也可以归纳为发生机制、传导机制和共建机制。由于传统能源的"三重困境"以及环境污染的日益加重,淘汰传统能源并以新能源替代之是人类健康和绿色发展需要所驱动的,这就是新能源力系统的发生机制。淘汰了传统能源,就需要研发新能源技术,并将这种技术转化为现实的生产力,即生产出新能源产品。也就是说,新能源替代力通过新能源技术力和生产力的传导,最终由新能源消费力来实现。第一次循环完成后,新能源替代力又得到了更新,这样又会产生新的替代要求,进一步淘汰一些传统能源产品,进行下一个循环。而共建机制就是指新能源力系统与其系统环境之间的相互影响,两者必须呈现一种相互适应的状态。因此,发生机制、传导机制和共建机制这三个子机制构成了新能源力系统的动力机制。

但是,上述三种机制的描述仍未能揭示动力机制的实质。那么,系统内部分力以及系统与其环境之间的矛盾运动究竟是因为什么?我们认为,这个问题的回答才是系统运转的内在动力机制,这个答案就是——利益机制和意识机制。

---

① 王朝科、程恩富:《经济力系统研究》,上海财经大学出版社 2011 年版,第 79 页。

1. 利益机制是新能源力系统的直接动力机制

马克思曾指出，"每一个社会的经济关系首先是作为利益表现出来"[①]。洪远朋等（2011）在多年的政治经济学研究中总结出，一切经济学、一切经济活动和一切经济关系的核心都是利益。[②]动力机制在本质上是指通过一定的经济利益机制激发参与主体的积极性和主动性。也就是说，只有新能源力系统各环节参与主体的预期经济利益为正，才能使得新能源力系统实现自主运转。

假设新能源力系统运转过程涉及的参与主体都是理性的，这样可以排除一些仅仅是由于兴趣或者爱好而发起的行动。在替代力环节，替代力只是发展新能源的出发点，是否要淘汰某些传统能源产品，使用新能源产品取决于参与主体对潜在利益的权衡。在研发环节，参与主体（这里假设仅考虑企业，暂且不考虑政府作为主体参与研发）会对新技术的研发成功率和预期净收益进行分析，如果预期净收益为正，参与主体会选择新能源技术的研发。研发成功的结果就是新能源技术的诞生，技术只有被应用于生产，才能转化为现实的生产力，此时参与主体（企业）开始生产决策，即对新能源产品进行"成本—收益"分析，如果预期净收益为正且所投入的资本能够获得平均利润，那么企业就会应用新技术进行新能源产品生产。而生产的最终目的是消费，因此，只有消费才能够进一步将新能源力系统推动下去，然而，消费的实现不仅取决于产品方面的因素，更取决于消费者决策。因此，在消费环节需要侧重考虑消费者的利益，如果消费者认为在消费新能源产品时所获得的利益高于或至少等于传统能源产品，其会选择新能源消费。也就是说，只要每一个环节参与主体的预期净收益都为正，而且生产和消费的数量能够相匹配，环环相扣，这个系统就能够正常地可持续运转（见图4.1）。

2. 意识机制是新能源力系统深层的潜在动力机制

意识机制源于促进新能源发展的非正式制度体系，较利益机制而言，意

---

① 《马克思恩格斯选集》（第2卷），人民出版社1972年版，第537页。

② 洪远朋，等：《利益关系总论》，复旦大学出版社2011年版，第1页。

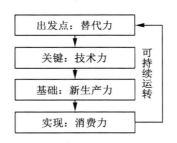

图 4.1　新能源力系统运转

识机制在长期内可以改变参与主体的认知模式和学习规则,从而对其决策和行为形成一种潜移默化的影响。首先,意识机制会通过改变参与主体的认知而改变各系统分力的演化轨迹,进而影响各分力之间的辩证运动,从而进一步影响新能源力系统的运转。比如,如果强化了与新能源产品研发、生产和消费相关的意识形态,那么就会强化市场主体以新能源产品替代传统能源产品的信念,强化市场主体研发、生产和消费的信念。举例来说,这样可以促使消费者在面对新能源产品与传统能源产品价格一致或者略低时,能够选择新能源产品进行消费。

当然,就利益机制和意识机制的比较来看,前者作用效果更为明显和直接,立竿见影;后者的作用则比较缓慢。然而,一旦意识机制能够发挥作用,其效果也将更为长久,影响也会更为深远。一般情况下,只有利益机制发生一段时间之后,意识机制才会慢慢形成,而后才能发挥作用,但两者并不是互斥的,其同时发挥作用才能起到事半功倍的效果。鉴于意识机制和利益机制的区别,利益机制较为直观,也是意识机制形成的前期基础,因此,本研究接下来主要探讨利益机制作用下的新能源力系统运转。

第二节　新能源力系统的市场逻辑

所谓新能源力系统的市场逻辑,是指在市场经济体制下新能源力系统的运转逻辑。市场经济体制是市场主体在一系列的制度安排、制度约束下追求利润最大化行为的过程。受资本逻辑驱使,市场经济体制将自然生态系统作为工具并无止境地进行掠夺性使用和破坏,因而其天然与生态保护逻辑相悖,即市场经济存在生态悖论。就新能源力系统的市场逻辑来看,其会出现市场失灵和市场悖论,难以有效运转,但是新能源力系统具有未来利益,包括资源环境利益和经济利益,这就是说,新能源力系统具有实现资源环境保护利益和经济利益的潜力。

一、新能源力系统的市场失灵

市场失灵是指单凭市场机制的自我调节作用难以达到资源最优配置的一种状态。鲍金红和胡璇(2013)认为,市场失灵可以划分为"效率性市场失灵、公平性市场失灵、不成熟性市场失灵"三大类[①]。效率性市场失灵是指"由市场机制本身的固有缺陷而导致的资源配置效率",比如在公共品等具有外部性的领域;公平性市场失灵是指"市场以效率为前提,导致市场有失公平,社会难以接受",比如在面对失业、收入分配不公和区域发展不平衡时;不成熟性市场失灵是指"由于市场本身条件的不成熟导致市场机制功能难以充分发挥",比如在面对战略新兴产业发展时。新能源力系统会出现市场失灵问题,至少涉及效率性市场失灵和不成熟性市场失灵两个方面。

首先,尽管新能源力系统是一个经济系统,但是就其运转本身而言,其恰恰又具备生态保护系统的功能,这就会引致效率性市场失灵。以煤炭和石油为主的传统化石能源燃烧是环境污染的主要来源。比如,煤炭的主要成分有碳、氢、氧、氮和硫等元素,除此之外还有磷、砷等微量元素,煤炭的燃烧不仅消耗了碳元素,以二氧化碳的方式排放,同时氮和硫的燃烧会分别产生氮氧化物和硫氧化物,绝大部分的硫转化为二氧化硫,其在空气中能够危害微生物,影响植物生长,通过呼吸道影响人体健康,接触金属物质还能产生腐蚀作

---

①　鲍金红、胡璇:"我国现阶段的市场失灵及其与政府干预的关系研究",《学术界》2013 年第 7 期。

用。另外,煤炭在燃烧过程中还会产生大量的烟尘,尽管目前的火力发电已经有了成熟的除尘方案,然而剩余的烟尘仍然会排放至大气,伴随磷、砷等有毒元素吸附水分和固体颗粒形成 PM2.5 等危害物。石油作为燃料燃烧时,其中各类包含硫、氮等元素的有机物经过燃烧均会产生对应的氧化物排放至大气中,产生与煤炭燃烧类似的危害。同时机动车使用燃油燃烧时,受发动机喷油压力的限制,气缸内燃料喷射不能充分均匀燃烧,不同环境下的氧气配比不够精确,这些因素均会导致燃料燃烧不充分,产生更多的有毒有害物质,严重影响生物生长、大气质量和人们的生命健康安全。新能源力系统运转具有较强环境效益,可以克服传统能源在自然生态破坏方面的负外部性。新能源的能量存储介质也是来源于自然环境,然而其使用过程是无污染的,相对于传统化石能源的优势十分显著,主要有:

(1)新能源的采集过程不需要破坏现有的自然结构,当前以风能、水能、生物质能为主要形式的能源介质,其产生与采集过程完全于地表进行,不破坏地质结构与自然生态,传统化石能源的采集不仅破坏地下结构,造成地质塌陷、地下水污染等问题,其有限的存量也会带来长久的地表生态环境破坏;

(2)新能源的存储介质在能量释放过程中无论是燃料的燃烧还是其他形式的能量转换,均保证过程可控,参与主体因素少,燃料纯净,助燃介质易获取,且生成新能量形式后不会排放磷、硫、氮等对大气具有严重危害的物质;

(3)新能源的使用可无限循环,能源采集装备固定可永久使用,以风能、水能为代表的能源形式在自然界均永久存在且取之不竭,风机、水轮机等采集发电装置受地区地理条件影响可长期固定使用。因而,从能源的采集、使用和后期循环等方面,新能源相对于传统化石能源而言均有着显著的环境效益。

其次,我国新能源市场条件并不成熟,新能源力系统运转会出现不成熟性市场失灵。就新能源力系统的经济功能而言,其是对传统能源系统的替代,也就是说,在不考虑环境效益时,新能源产品与传统能源产品可以满足消费者同样的使用价值,这就形成了市场经济体制下新能源产品与传统能源产品的竞争。然而,对于我国新能源力系统运转而言,市场条件不成熟,主要表现为技术和需求两个方面:一是缺乏新能源核心技术,多以加工为主,而自行设计和生产新能源产品具有较高的成本;二是国内新能源消费市场发育不成熟,从消费者来看,其没有形成对新能源产品的消费预期,在面对传统能源与新能源产品消费时,往往以经济利益为决策依据,从而还是选择传统能源产品,从总体来看,我国的新能源产品消费仍以海外需求为主。

　　从新能源力系统分力主体的微观逻辑来看,仅靠新能源力系统自身运转的话,其利益机制难以持续。人们出于对新能源的需要,会先考虑淘汰传统能源产品,以新能源产品替代之。如果要生产或消费一种新的产品,技术研发是产品生产和消费的前提。虽然技术本身是中性的,但是在资本驱使之下,技术进步的动力来源于企业对更多超额剩余价值的诉求。新能源技术不是一种简单的技术进步,而是表现为一种突破性的技术创新,这恰恰具有高风险和高不确定性,并且技术进步本身又存在显著的溢出效应。它的利润很难得到保障,因此,企业可能不愿意将剩余价值用于技术的研发。从新能源生产力来看,为了获得更多的利润会尽可能降低成本,企业除了选择最为低廉的劳动力和原材料,还可以选择扩大规模以获得规模收益或是提高技术水平。而在技术进步存在不确定性和高风险性的前提下,企业往往倾向于选择扩大规模的方式来获得更多的经济利润,这并非是新能源力系统可持续运转的良策。从消费环节来看,尽管消费者对环境利益有所诉求,但是在真正决策时,其往往存在短视,以经济利益为首要决策依据。可能只有在新能源价格与传统能源价格甚为接近时,才会选择新能源消费,否则仍会选择传统能源消费。就新能源产品与传统能源产品的现实比较而言,两者在一定程度上具有替代效应,但目前传统能源产品的价格却大大低于新能源产品,这就导致两者竞争时新能源产品处于劣势地位。以电价为例,我国燃煤发电标杆定价为每千瓦时 0.28—0.5 元,而风力发电定价介于 0.51—0.61 元/千瓦时间,光伏发电为 0.90—1.00 元/千瓦时,生物质能为 0.75 元/千瓦时左右。[①]

---

①　周亚虹,等:"政府扶持与新型产业发展——以新能源为例",《经济研究》2015 年第 6 期。

当然,这种劣势还来源于目前新能源技术水平限制所带来的高成本。因此,按照成本收益规律,在传统能源产品价格低于新能源产品价格的情况下,人们不会选择新能源产品进行生产或消费。消费无法实现,就难以形成对新能源替代力、技术力和生产力的反作用,新能源力系统将难以实现协调和可持续运转。

二、新能源力系统的市场悖论

由新能源力系统的市场失灵分析来看,其在市场经济体制下难以自主运行,但是在自然生态系统不断遭到破坏的今天,新能源力系统的运行又是市场经济必须具备的。

自然生态系统是市场经济运行的基础,马克思经济学不仅为我们正确理解人与自然之间的辩证关系提供了方法论基础,而且提供了科学的理论基础。马克思在其巨著《资本论》中写道:"劳动首先是人和自然之间的过程,是人以自身的活动(指人类的经济活动——作者注)来中介、调整和控制人和自然之间的物质变换的过程。"[①]这句话揭示了人类的经济活动同人与自然物质变换过程之间的真实关系和必然联系。

然而,在市场经济资本逻辑的驱使下,市场主体并不会将自然生态系统作为人类进行各种经济活动的永恒基础,而是将自然生态系统始终看成是一个不费分文、免费向经济系统提供资源并被人类所控制的系统[②]。这就导致市场经济主体无限制地开发和利用不可再生的自然资源,利用最少的资本最大限度地将自然资源吸入经济系统,并将经济活动中的废水、废渣和废气等负使用价值物品理所当然并毫无止境地排放到自然生态系统中,这必将极大破坏自然生态环境。自工业革命以来,资本在为经济增长创造奇迹般动力的同时,单向地向自然索取资源和排放废弃物,对自然生态的破坏程度远远超

　　①　马克思:《资本论》(第1卷),人民出版社2004年版,第207—208页。
　　②　王朝科、程恩富:《经济力系统研究》,上海财经大学出版社2011年版,第369页。

出自然系统的自我循环能力。但"资本不是物,而是一定的、社会的、属于一定历史社会形态的生产关系,它体现在一个物上,并赋予这个物以特有的社会性质"①。因此,资本本质上是一种社会关系,将经济主体组织成一种社会体系,在现代经济社会中便表现为市场经济体制。以剩余价值积累为目的的市场经济体制必然奉行"最大生产、最大消费和最大废弃"这样一种线性的增长方式,它在产品产出最大化的背后蕴藏着非产品产出的最大化。长此以往,人类破坏了其赖以生存的自然生态系统,市场经济就会失去自然基础,其运行也将无法继续。②

新能源具有可再生性,可以极大降低污染排放,并且可以提供与传统自然力相媲美的能量,如果在市场经济中运行新能源力系统,则可以有效保护自然生态系统。我们在论述其具备生态保护系统的功能时,已经详细说明过。因此,新能源力系统是传统能源数量短缺和污染不断加重的今天所必须运行的。

然而,新能源力与传统自然力又有着本质的区别。传统自然力是指自然界本来就存在的,不包含人类劳动,是纯粹的自然资源组合,具有无价值性;而新能源力虽然可以作为传统自然力的替代,但是它的使用必须借助于新能源产品,比如使用太阳能需要借助于光伏产品等,因此,它是一种基于高新技术基础上的替代,是人工开发的,包含了人类劳动,因此是有价值的。市场经济体制下,经济主体往往追求利益最大化,因此其会毫不犹豫地选择传统自然力以获得最大化的剩余价值。在第三章理论分析中,我们也已经论述过新能源力的本质是一种经济力,新能源力系统是一个经济系统,而且它是可持续经济发展的一个子经济系统。在市场经济条件下,新能源力系统会出现市场失灵问题,即市场经济体制条件下的新能源力系统缺乏内在动力。

总而言之,新能源力系统的市场失灵使其在市场经济条件下缺乏内在动力,但其又是市场经济长期可持续发展所必须具备的,这就是新能源力系统

---

① 《马克思恩格斯全集》(第 25 卷),人民出版社 1974 年版,第 920 页。
② 冒佩华、王宝珠:"市场制度与生态逻辑",《教学与研究》2014 年第 8 期。

的市场悖论。

三、新能源力系统的未来利益

事实上,新能源力系统在本质上是一个经济系统,虽然在当前的市场经济条件下,其利益机制无法实现,缺乏内在动力,但是这可能只是它初期运转的一个表现,它具有未来利益。在市场条件成熟时,它可以实现可持续运转。所谓新能源力系统的未来利益是指新能源力系统的发展在可预期的未来能够实现利益,至少包括两个方面:一是资源环境利益,二是经济利益,这就是说,新能源力系统具有实现资源环境保护利益和经济利益的潜力。

首先,当前传统能源不可再生,其数量的绝对和相对稀缺已经是不争的事实。一旦传统能源出现短缺,这将给经济活动带来沉重的打击,比如20世纪70年代的石油危机就是很好的例证。对于一国而言,在严重依赖传统能源的经济增长模式中,能源如果出现稀缺将使得该国经济遭受严重动荡。资源环境利益包括两个方面:一是环境利益,这就是指新能源相对于传统能源而言,在使用过程中具有污染排放小的特点,这个在上一节我们已经详细论述过;二是能源安全利益,因为传统能源消费与供应之间的缺口日渐扩大,其不可再生性以及价格的上涨性不断威胁着能源安全,而新能源则具有可再生性,若能够对传统能源实现有效替代则会极大提升能源安全等级。这就是说,在可持续经济发展中,新能源力必然具有未来的资源环境利益。

其次,新能源产业是新型战略产业,新能源力系统具有巨大的潜在经济利益。根据国际可再生能源机构估计,至2030年全球的新能源比例可以达到甚至超过30%,这将会增加一系列的投资,进而可能带来一系列的经济效益。随着能源转换的进程加速,可再生能源带来的就业人数增长情况也将会保持强劲。国际可再生能源机构还预计,至2030年全球能源结构中可再生能源占比将翻一倍,这将在全球新增2 400万个就业岗位。其中,电力行业将直接增加1 600万个就业岗位,也就是说,在样本期内,平均每年将增加90

万个就业岗位。这里需要说明的是,实现可再生能源行业的劳动力增长将需要稳定和可期的政策框架部署、产业的投资激励、企业能力强化以及教育和培训力度增强。作为一种新经济新技术形态,新能源发展必然会为经济发展做出巨大贡献;与此同时,新能源发展和利用还会助力各国实现全球气候和发展目标。又比如,目前我国粉尘和二氧化硫等污染提高了劳动者的急性死亡率,对 GDP 的影响为 0.65%—3.81%。假设能够减少 16EJ(18%)煤炭的使用,就能节约 0.78%的 GDP,那么至 2030 年每年将节约 2 000 亿美元(假设 2030 年我国的 GDP 翻番,达到 25 万亿美元)。①

当然,新能源力未来利益能够实现的前提是新能源力系统在当前就能得以发展。新能源力的两种未来利益分别针对其效率性市场失灵和不成熟性市场失灵问题,表明其在可预期的未来可以实现可持续运转。但是仅依靠市场机制,新能源力系统在初期将难以运转,那么就难以实现未来利益,这就需要政府在新能源力系统初期给予扶持。

第三节　新能源力系统的政府扶持分析

新能源力系统初期的市场失灵、市场悖论以及未来利益告诉我们,新能源力系统初期发展需要有一种"非市场"或者"非资本"的外部力量推动新能源力系统的初期运转,这种力量源于政府对新能源所实施的相关扶持。马克思也曾指出具有公共品性质的产品需要政府的扶持,其关于具有公共产品属性的基础设施建设思想为我们提供了理论缘起。他在探讨铁路建设时曾指出,"可以在生产方面感到铁路的必要性;但是修筑铁路对于生产所产生的直接利益可能如此微小,以致投资只能造成亏本。那时,资本就把这些开支转

---

① IRENA:《可再生能源前景:中国》,2014。

嫁到国家肩上"①。马克思已经意识到政府干预对于纠正市场失灵等问题的必要性,政府扶持对于引导和助推新能源力的发展有着重要作用,这就决定了政府助推新能源力系统运转的必要性。

一、新能源政府扶持的含义

何为"扶持"? 其在新华字典中被解释为"搀扶或扶助",在新闻报道中,"扶持"往往被理解为"帮助、支持"。一般而言,在经济学中,"扶持"也可被理解为"帮助和支持"。所谓政府扶持,一般是指"政府依据特定的政治、经济方针,由国家财政安排专项资金向微观经济活动主体提供的一种无偿的转移支付,或直接减免企业税负的行为"②。简单来说,就是政府通过相应的正式制度帮助或支持某项经济活动。在某种朝阳产业的初期阶段、某些经济活动出现"市场失灵"或者某些地区发展较弱等情况发生时,政府往往采取一些扶持性举措。这是政府干预市场、进行宏观调控的最为直接的方式。政府扶持包括多种形式,比较常见的有"税收优惠、直接拨款、法律保护、政府担保、政府干预",等等。③

所谓新能源政府扶持,就是指政府通过相关正式制度对新能源发展方面所进行的帮助,即政府所出台的有关扶持新能源发展方面的政策。事实上,有关新能源方面的政府扶持可以被界定为新能源力系统环境中的正式制度部分。前文已经论述过,新能源力系统运转缺乏内在动力,因此,我们需要进一步考虑其外在动力,即其与系统环境——市场经济体制、与之相关的正式制度和非正式制度之间的相互作用。其缺乏内在动力正是因为其被置于市场经济体制中,因此,其外在动力主要应该考虑与之相关的正式制度(政府扶持)和非正式制度。

---

① 《马克思恩格斯全集》(第46卷)(下),人民出版社1974年版,第24页。

② 陈维,等:"政治关联、政府扶持与公司业绩——基于中国上市公司的实证研究",《经济学家》2015年第9期。

③ 刘传富:《新能源汽车产业发展中政府扶持的研究》,西南大学硕士学位论文2015年,第16页。

二、政府扶持对新能源力系统的作用逻辑

这里需要强调的是,政府对新能源力系统的扶持不是永无止境的,仅仅是对新能源力系统初期运转的一种扶持,而且应该遵循"外力内化"的目标,一方面协调四大分力之间的关系;另一方面着重引导形成新能源力系统的可持续运转动力。各个分力不仅需要在质上满足连贯性,还需要保证其量上的接替性、空间上的并存性以及时间上的继起性,这样才能在政府撤销扶持时,形成一个结构稳定、功能完备、运转协调、过程连续的新能源力系统,否则会导致新能源力系统结构松散、动力中断。

政府在对新能源力系统进行扶持时,应该满足"利益补足""空间并存"和"时间继起"三个原则。对于新能源力系统中的参与主体,需要"利益补足";对整体的新能源力系统而言,政府对新能源力系统的扶持至少要在空间上保证并存性、在时间上保证继起性,前者可以使得新能源力系统的各个环节均能受到扶持,形成协调运转,后者能够使各环节的发展在达到一定程度前,维持连续性而不中断。

首先,"利益补足"是新能源力系统能够初期运转的前提条件。由上述分析可知,新能源力系统无法自主可持续运转的微观逻辑是各环节参与主体的经济利益不足。新能源力系统自身能够可持续运转的前提条件就是各个环节中参与主体的预期净收益(或实际净收益)为正,这个收益主要是指经济利益。然而,在没有任何扶持的前提下,新能源力系统四个环节的参与主体对其经济利益的估计可能不会为正。政府若要通过扶持体系使得新能源力系统运转起来,就要首先通过改变系统各环节参与主体的利益矩阵,引导其主动且积极地参与至新能源研发、生产和消费中。比如在新能源产品研发环节,政府可以通过研发补贴以降低研发者的高风险和高不确定性,使得潜在企业在选择新能源产品还是传统能源产品研发时,倾向于前者;在新能源消费环节,可以对消费者进行适当的消费补贴以使得其在比较新能源产品和传

统能源产品时,倾向于前者。

其次,政府扶持体系必须保证空间并存性。具体来看:第一,对于新能源替代力,政府理应着重在制度方向上进行引导,即构建一套与可持续经济相适应的自然观、技术观、生产观和消费观,并通过理念建设即意识形态的力量改变人们的价值取向,从而引导市场主体主动转向新能源产品的研发、生产和消费。第二,对于关键性的新能源技术力,当前技术研发和技术创新主要依靠政府完成,企业创新较少,为了实现"万众创新"和"创新型国家"的目标,起初不仅需要政府扶持,更需要政府成为主体加入其中,此时政府提供的新技术应该作为半公共产品让渡给私人企业使用,等启动后政府可以通过单一扶持逐渐让企业自身开展创新。第三,对于生产和消费环节,我们并不否定企业追逐利益最大化的导向问题,需要思考的是,如何更好地发挥政府在这一过程中的作用以引导和均衡生产、消费,以防出现产能过剩等情况。

再次,政府的扶持体系应该满足时间继起性。这里的持续性扶持并不是指需要政府永久性地扶持新能源力系统。政府应该遵循"外力内化"的目标,即化政府扶持这一外力为新能源力系统内力的目标,在初期给予持续性的扶持。其期限即是指技术进步达到一定程度,能够实现新能源产品的价格等于或小于其提供相同使用价值(除了环境价值)的传统能源产品价格的时候。此时,政府可以撤销直接扶持,而转向完善市场相关政策、规范市场秩序以保证新能源产业发展的后续动力。那么,这就出现一个疑问,为何不等到技术创新到一定程度再进行生产? 这个问题的答案有两个方面:一是解决环境污染问题迫在眉睫,环境保护刻不容缓,尽早使用新能源是当务之急;二是新能源技术是未来工业革命的关键技术,当前各国实力较为均衡,我国应当及早参与到技术竞争之中,否则未来研发落后之时,只能模仿和引进先进技术,逐步丧失先发优势。

我国的新能源产业正处于起步阶段,技术、生产和消费环节发展都不成熟,需要政府的扶持和引导①(周亚虹,2015),尤其是经济利益上的支持。根据空间并存性和时间继起性原则,政府扶持应该作用于新能源力系统的四大分力,否则可能引致其过程中断(见图4.2)。

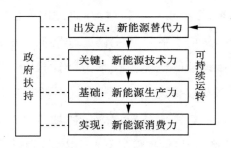

图4.2　新能源力系统

　　总而言之,与新能源力系统相关的正式制度是新能源力系统初期得以运转的必要条件,其旨在引导和助推市场经济条件下行为主体对新能源产品的替代、研发、生产和消费行为。这里有一点需要指出:依靠政府力量形成的制度不是为了抑制市场功能的发挥,而是为了约束和引导市场主体的行为。因此,与新能源力系统相关正式制度的建立和运行还需要适当借助市场机制的力量。政府扶持体系为新能源力系统的运转提供了一种激励机制,如果能够使得新能源力系统各环节的参与主体利益得到保障,就会形成参与主体的微观动机,从而表现为整个新能源力系统的运转动力。

三、非正式制度对新能源力系统的作用逻辑:一个补充

　　政府可以通过正式制度协调新能源力系统分力之间的利益关系,从而形成新能源力系统运转的直接动力,同时,可以通过非正式制度形成新能源力系统运转的长期动力,两者可以改变新能源力系统分力主体的决策和行为,从而助推新能源力系统的初期运转。

---

　　①　周亚虹、蒲余路、陈诗一,等:"政府扶持与新型产业发展——以新能源为例",《经济研究》2015 年第 6 期。

　　与新能源相关的非正式制度,即意识形态是新能源力系统运转的一种内在的无形的推动力。如果市场经济主体的认识和理解只是停留于人类经济活动对自然的控制这一层面,那么,他们就只能重点考虑如何尽可能多地掠夺性利用自然来生产出满足人们需求的产品;如果市场经济主体的认识和理解上升至人类经济活动对人与自然之间关系的调整和改善这一层面,那么,他们就会优先考虑变革自然的经济活动到底会对人与自然之间的关系产生何种影响之后再进行生产。工业革命以来,资本在为经济增长创造奇迹般动力的同时,也单向地向自然索取资源和排放废弃物,其对自然生态的破坏程度远远超出自然系统的自我循环能力。以剩余价值积累为目的的市场经济体制必然奉行"最大生产、最大消费和最大废弃"这样一种线性的增长方式,它在产品产出最大化的背后蕴藏着非产品产出的最大化。因此,需要有一个权威、中立、超经济的监督主体,维护法律规章制度的权威性和有效性,并通过正式制度的长期有效约束和有效监督,逐步形成一套完备的可验证的社会信用和社会诚信体系,从而逐步形成保护生态环境、选择新能源产品进行生产和消费的理性自觉力量及与新能源相关的非正式制度。

　　尽管市场主体在正式制度的引导下,可能调整自身活动行为,但由于成本最小化和利润最大化的目标追求和资本逻辑的驱使,加之政府监督体制的不到位,已经形成的有关新能源的正式制度难以得到有效执行。那么,是否有其他力量能够对生态环境加以保护,使市场主体能够自觉地选择新能源产品呢?回答是肯定的。这就是非正式制度的力量,或者说是意识形态的力量。它是一种存在于市场机制与正式制度之外能够引导人们生产和消费新能源产品的意识形态或理念的自觉力量。虽然其游离于两者之外,但也不是孤立存在的,而是渗透于两者之中,具有持久的生命力,使两者的力量能够有效发挥。换句话说,非正式制度是正式制度能否有效发挥作用的保障,与新能源相关的正式制度必须以非正式制度作为补充,才能够有效地运行。因此,我们必须建立一套与新能源经济相适应的价值观、生态伦理观、生产观和消费观等非正式制度,通过改变人们的价值取向,以调整人们的思维和行为方式①,最终使得市场主体能够自觉选择新能源产品,也就形成了对新能源力系统的一种内在的无形的推动力。

四、我国有关新能源政府扶持的具体分析

针对新能源力系统初期的市场失灵和市场悖论,在现实经济条件下,综观世界各国新能源发展经验,无一不是借助政府扶持这一外在助力。至2014年已经有164个国家对新能源发展的战略目标或者政策举措进行了制定。比如,德国制定了较为完善的可再生能源补贴制度,从1990年的《上网电价法》、"千户光伏屋顶计划"到1999年的"十万屋顶计划"、2000年的《可再生能源法》、2009年的《新取暖法》,其制度体系已经相当完整和严谨;美国积极扶持可再生能源和新能源建设,不仅制定了《2005联邦能源政策法》(*The Federal Energy Policy Act of* 2005)、《2009美国复苏和再投资法》(*American Recovery and Reinvestment Act of* 2009,*ARRA*)和《美国联邦电力法》(*Federal Power Act*,FPA)等多部法律(这里不一一列举),还对可再生能源的发展进行了企业扣除(Corporate Deduction)、联邦赠款计划(Federal Grant Program)、联邦贷款计划(Federal Loan Program)、行业招聘和支持(Industry Recruitment/Support)、个人免税额和个人信用(Personal Tax Credit)等多种形式的补贴;英国设立了专门的可再生能源机构进行相关法律的制定,加大其研发力度和资金支持,其补贴制度包括可再生能源现金返还和供暖补贴等;英国、澳大利亚和日本等国家都实行了强制性的可再生能源市场配额制度,等等。② 我国也不例外,自2005年《可再生能源法》颁布以来,我国政府就陆续出台了多方面的扶持举措,总体来看包括财税补贴、激励政策、项目支持、发展基金、配额制,等等。

---

① 肖韶峰:"低碳经济发展:非正式制度安排视角的阐释",《中南民族大学学报(人文社会科学版)》2012年第1期。

② 温慧卿:《中国可再生能源补贴制度研究》,中国法制出版社2012年版,第77—83页。

（一）我国新能源政府扶持的主要政策[①]内容

我国关于新能源方面的政府扶持涉及新能源力系统的替代、研发、生产和消费四大环节，也涉及新能源的诸多产业。本节将新能源相关的行业归纳为新能源发电行业、相关产品制造业和汽车行业三大类（周亚虹、蒲余路和陈诗一等，2015），根据政府关于这三类行业的扶持，将有关主要政策分类为新能源力系统四大环节，整理如表 4.1 所示。

表 4.1　　　　　　　　　　　我国新能源扶持政策概览

不同环节	政策内容
	2006 年《北京市"十一五"时期地质勘查发展规划》提出，"将加大地热能、浅层地热能等可再生资源的开发利用力度，到 2010 年新能源和再生能源占能源消费总量的比重争取到 4%"。
替代环节	2007 年《推进全国太阳能热利用工作实施方案》，其中明确提出中国即将制定太阳能热水器的强制安装政策； 2007 年《关于加快太阳能热水系统推广应用工作的通知》提出，"有条件的医院、学校、饭店、游泳池、公共浴室等热水消耗大户，要优先采用太阳能集中热水系统；新建建筑在设计时，要预设安装太阳能热水系统的位置和管道等构件，尽可能安装太阳能热水系统；对于既有建筑，如具备条件也要支持安装太阳能热水系统；政府机构的建筑和政府投资建设的建筑要带头使用太阳能热水系统；在有条件的农村地区也要积极推广太阳能热水系统及太阳灶等其他经济实用的太阳能热利用技术，把推广应用太阳能热利用技术作为社会主义新农村建设的重要措施予以重视"。
	2012 年《关于扩大混合动力城市公交客车示范推广范围有关工作的通知》中将混合动力公交客车（包括插电式混合动力客车）推广范围从目前的 25 个节能与新能源汽车示范推广城市扩大到全国所有城市； 2014 年《政府机关及公共机构购买新能源汽车实施方案》要求特定政府机关及公共机构的新能源汽车占当年配备更新的 30% 以上，并逐年提高。
研发环节	2008 年《关于加快推进太阳能光电建筑应用的实施意见》，提出对光电建筑应用示范工程予以资金补助，鼓励技术进步与科技创新； 2009 年《关于实施金太阳示范工程的通知》，中央财政从可再生能源专项资金中安排一定资金，支持光伏发电技术在各类领域的示范应用及关键技术产业化； 2006 年《可再生能源发展专项资金管理暂行办法》，提出发展专项资金（无偿资助和贷款贴息）重点扶持生物质能等开发利用。
	推进国家动力电池创新中心建设，实施锂电升级工程，加快实现动力电池革命性突破。

---

① 我们论述过政府可以通过正式制度和非正式制度扶持新能源力系统的初期运转，但由于非正式制度是一种长期的潜在的无形的影响力量，其效果难以直接衡量，因此本研究接下来主要考虑以正式制度为主的新能源政府扶持政策。

不同环节	政策内容
生产环节	2012 年《关于申报分布式光伏发电规模化应用的通知》对示范区的光伏发电项目实行单位电量定额补贴政策； 2013 年《关于发挥价格杠杆作用促进光伏产业健康发展的通知》，光伏电站标杆上网电价高出当地燃煤机组标杆上网电价的部分，通过可再生能源发展基金予以补贴。对分布式光伏发电实行按照全电量补贴的政策，电价补贴标准为每千瓦时 0.42 元(含税,下同)；其中,分布式光伏发电系统自用有余上网的电量,由电网企业按照当地燃煤机组标杆上网电价收购。
	自 2013 年 1 月 1 日至 2015 年 12 月 31 日,对其增值税实际税负超过 8% 的部分实行即征即退政策； 自 2016 年 1 月 1 日至 2017 年 12 月 31 日,对其增值税实际税负超过 12% 的部分实行即征即退政策； 2014 年《国务院关于创新重点领域投融资机制鼓励社会投资的指导意见》,为生物质能的发展提供融资支持。
消费环节	2009 年商务部财政部将太阳能热水器纳入家电下乡范畴,让农村居民享受 13% 的财政补贴。
	2010 年新能源汽车财政补贴《私人购买新能源汽车试点财政补助资金管理暂行办法》； 2012 年新能源汽车政策中免征车船税出台； 2013 年出台《关于继续开展新能源汽车推广应用工作的通知》,明确提出了补助范围、对象以及标准； 2014 年免征新能源汽车车辆购置税； 2015 年《关于 2016—2020 年新能源汽车推广应用财政支持政策的通知》提高了续驶里程大于等于 250km 的电动车和燃料电池乘用车的补贴额度； 2016 年《关于调整新能源汽车推广应用财政补贴政策的通知》,继续强化前期补贴政策。
	2012 年《节能与新能源汽车产业发展规划(2012—2020)》建设慢速充电桩和公共快速充换电设施； 2014 年《新能源汽车充电设施建设奖励的通知》安排资金对新能源汽车推广城市或城市群给予充电设施建设奖励； 2016 年《关于十三五新能源汽车充电基础设施奖励政策及加强新能源汽车推广应用的通知》提出继续安排资金对充电基础设施建设、运营给予奖补,并给出了奖补标准； 2017 年,国家电网高速公路快充网络建设快速推进,至 2016 年底已建成以"六纵六横二环"高速公路为骨干网架的高速公路快充网络。

资料来源:根据国务院、财政部、科技部、国家能源局、国家发改委、建设部、环境保护部、国家经贸委、环保部、国土资源部网站相关内容整理而得。

尽管我国有关新能源方面的扶持一直没有间断,但是由表 4.1 可以看出,至少存在两方面的问题:

(1)"重产品轻研发":我国对新能源力的政策扶持皆重在最终产品的直

接补贴,而对针对性的研发补贴或奖励甚少,甚至缺乏相关知识产权制度的完善;

(2)"重生产轻消费":除在新能源汽车行业实施消费补贴之外,发电行业和新能源相关产品制造业的补贴均集中于供给环节的补贴,缺乏对消费环节的扶持,这就难以促进国内市场消费力的提升。

这就是说,我国政府在扶持新能源力系统时缺乏整体性和协调性,这可能使得新能源力系统出现"市场失灵"与"政府失灵"并存的局面。

(二)我国新能源政府扶持方式分析

虽然政府一直对新能源力系统有所扶持,但是上述四大分力仍存在现实问题,一些重点扶持企业的效率高低也颇受争议。除了最为典型的光伏产品产能过剩以外,我国新能源汽车在 2014 年和 2015 年的产销率也分别为 0.95 和 0.97,产量并未能够被完全消费。这就是说,我国有关新能源方面的扶持并不是仅仅给予帮助,而更应该给予合适的扶持,不恰当的政府扶持可能带来严重的后果。

本研究接下来详细分析政府关于新能源力系统不同环节的不同政府扶持方式对其系统分力的作用逻辑,以及对我国的现实情况进行实证检验。由于新能源替代力主要是淘汰传统能源的能力,它既是新能源力系统的出发点也是其最终反映,也就是说,新能源技术力、生产力和消费力最终会通过替代力表现出来。因此,本研究将主要分析政府有关新能源产品研发、生产和消费方面的不同扶持方式对新能源技术力、生产力和消费力的作用机理,并进行实证分析。

根据表 4.1,并结合本研究将政府有关新能源力系统不同环节的政府扶持方式进行抽象,可以总结为表 4.2:

表 4.2   有关新能源力系统扶持方式的总结

系统过程	系统分力	有关新能源产品方面的政府扶持类型
研发	新能源技术力	研发补贴
		生产补贴
		征收污染税费
生产	新能源生产力	生产补贴
消费	新能源消费力	价格补贴
		加大配套基础设施建设

我们已经论证,政府扶持是市场经济体制下新能源力系统初期运转的外在动力,那么,新能源政府扶持的不同方式对新能源技术力、新能源生产力和新能源消费力的作用逻辑为何以及作用效果如何? 本研究第五章、第六章和第七章将具体讨论如何提升新能源技术力、新能源生产力和新能源消费力,重点探析不同政府扶持方式对这三种系统分力的作用逻辑和效果检验,即第五章将分析研发补贴、生产补贴和征收污染税费对新能源技术力的作用机制,并检验其对我国新能源上市公司研发投入的作用效果;第六章将分析生产补贴对新能源生产力的作用机制,并检验其对我国新能源上市公司生产效率的作用;第七章将分析价格补贴和加大配套基础设施建设对新能源消费力的影响机制,并进行动态模拟,进一步通过美国新能源汽车相关数据进行实证检验。

第五章　新能源技术力的理论与实证研究

新能源技术力是指新能源企业实现技术进步的能力,按照第三章中有关新能源技术力的演化分析,可以将其分为新能源技术创新力和新能源技术扩散力。也就是说,新能源技术力是由新能源技术创新力和新能源技术扩散力组成,不同新能源技术的创新力和扩散力不断演进构成新能源技术力的进步。新能源技术创新力和扩散力分别是指新能源企业对某项技术进行创新和扩散的能力。技术扩散是以新技术的创新为前提,是技术发展的第二个阶段。然而,我国新能源发展中的关键技术与核心技术缺失(罗来军等,2015)[①],因此,新能源技术创新是我国新能源发展的当务之急。本章主要分析不同政府扶持方式(研发补贴、生产补贴和污染税)对我国新能源产品技术创新力的作用逻辑,并利用我国新能源上市公司的相关数据进行实证检验。

---

①　罗来军、朱善利、邹宗宪:"我国新能源战略的重大技术挑战及化解对策",《数量经济技术经济研究》2015 年第 2 期。

第一节　新能源技术创新力的理论模型

受制于新能源使用的正外部性以及其技术创新的高不确定性和高风险性，企业自身进行新能源研发的利益动机不足。因此，为了促进新能源产业的发展，政府往往对新能源企业进行扶持，不同的扶持方式又会对企业的剩余价值及利润率产生不同的影响，进而影响企业的技术进步。基于此，本研究首先构建企业进行新能源技术研发的决策模型，而后讨论在不同政府扶持方式（生产补贴、研发补贴和完善知识产权制度）对新能源技术创新力的影响路径。

一、基本模型

假定市场上只存在两种产品 $n(n=1,2)$，分别为新能源产品 1 和传统能源产品 2，以及生产条件不同但在同一时期内不随时间变化的多个企业。t 时期生产能源产品 1，企业 $i(i \in I_t$，I_t 为 t 时期生产能源产品 1 的企业的集合）的不变资本、可变资本和剩余价值率分别为 c_{1it}、v_{1it} 和 m'_{it}，则资本有机构成可以表示为 $\theta_{1i}=c_{1it}/v_{1it}$。$t$ 时期生产能源产品 2，企业 $j(j \in J_t$，J_t 为 t 时期生产能源产品 2 的企业的集合）的不变资本、可变资本和剩余价值率分别为 c_{2jt}、v_{2jt} 和 m'_{2j}，则资本有机构成可以表示为 $\theta_{2j}=c_{2jt}/v_{2jt}$。经典马克思主义政治经济学主要以资本有机构成来刻画技术进步水平，但这一指标主要着眼于劳动客观条件的变化。在现实经济中，劳动主观条件的变化对技术进步也起着至关重要的作用（马艳，2009）。因此，本研究模型将拓展经典政治经济学中以资本有机构成所代表的技术进步内涵，构建技术水平指标 A_{1i} 和 A_{2j}，既考虑劳动客观因素也考虑劳动主观因素条件的变化。为不失一般性，假定每一期的不变资本价值都会完全转移到产品中去。企业 i 生产的能源产品 1 的个别价值总量则可以表示为：

$$w_{1it} = c_{1it} + (1 + m'_{1i}) v_{1it} \tag{5.1}$$

若按照个别价值出售，企业的利润率可以表示为：

$$r_{1i} = \frac{v_{1it} m'_{1i}}{c_{1it} + v_{1it}} = \frac{m'_{1i}}{\dfrac{c_{1it}}{v_{1it}} + 1} = \frac{m'_{1i}}{1 + \theta_{1i}} \tag{5.2}$$

同理，企业 j 生产的能源产品 2 的个别价值总量则可以表示为：

$$w_{2jt} = c_{2jt} + (1 + m'_{2j}) v_{2jt} \tag{5.3}$$

若按照个别价值出售，企业的利润率可以表示为：

$$r_{2j} = \frac{v_{2jt} m'_{2j}}{c_{2jt} + v_{2jt}} = \frac{m'_{2j}}{\dfrac{c_{2jt}}{v_{2jt}} + 1} = \frac{m'_{2j}}{1 + \theta_{2j}} \tag{5.4}$$

令 t 时期生产能源产品 1 的企业 i 的预付资本为 k_{1it}，t 时期生产能源产品 2 的企业 j 的预付资本为 k_{2jt}，于是产品个别价值总量可以进一步表述为：

$$w_{1it} = (1 + r_{1i}) k_{1it} \tag{5.5}$$

$$w_{2jt} = (1 + r_{2j}) k_{2jt} \tag{5.6}$$

若在一定时期内，生产能源产品 1 的企业 i 的劳动复杂程度不发生变化，即可假设工人单位时间创造的价值为 ε_{1i}。则资本 k_{1it} 支配的活劳动时间为：

$$\tau_{1it} = \frac{1 + m'_{1i}}{\varepsilon_{1i} (1 + \theta_{1i})} k_{1it} \tag{5.7}$$

进一步我们设定相应的劳动生产率为 f_{1i}，则产品数量为：

$$q_{1it} = \frac{1 + m'_{1i}}{\varepsilon_{1i} (1 + \theta_{1i})} f_{1i} k_{1it} \tag{5.8}$$

令式(5.8)中 k_{1it} 前的变量为 A_{1i}，即 $A_{1i} = (1 + m'_{1i}) f_{1i} / \varepsilon_{1i} (1 + \theta_{1i})$，则 A_{1i} 可以代表 t 时期生产能源产品 1 的企业 i 的技术水平，其与剩余价值率、资本有机构成、单位价值创造所需要的劳动时间以及劳动生产率有关，即技术水平不仅与劳动主观条件也与劳动客观条件有着密切的联系。于是能源产品 1 的数量可以进一步表示为：

$$q_{1it} = A_{1i}k_{1it} \tag{5.9}$$

同理,我们可以得到生产能源产品 2 的企业 j 的产品数量为：

$$q_{2jt} = A_2 k_{2jt} \tag{5.10}$$

假设使用同样数量两种产品所获得的能量数量也一样,因此,我们认为两者具有相互替代性。这样,分别生产两种能源产品的企业在市场上就会展开竞争,从而逐渐形成产品的市场价值：

$$W_t^m = \frac{\sum_{i \in I_t} W_{1it} + \sum_{j \in I_t} W_{2jt}}{\sum_{i \in I_t} q_{1it} + \sum_{j \in I_t} q_{2jt}} = \frac{\sum_{i \in I_t} (1 + r_{1i})k_{1it} + \sum_{j \in J_t} (1 + r_{2j})k_{2jt}}{\sum_{i \in I_t} A_{1i}k_{1it} + \sum_{j \in J_t} A_{2j}k_{2jt}} \tag{5.11}$$

Acemoglu et al. (2012)分析了偏向型技术进步框架,并考察了传统企业中环境规制和对外开放的绿色技术进步机制。景维民、张璐(2014)进一步指出当初始进步表现为明显的绿色或者非绿色特征时,之后的技术进步会加强这种特征,呈现持续的绿色或者非绿色偏向。遵循上述逻辑,本研究认为潜在企业在进行传统能源产品还是新能源产品研发决策时,同样会呈现明显的路径依赖性。

假定潜在企业进行研发,而旧企业仍沿用原有的技术进行生产。t 期的潜在企业是选择新能源产品还是传统能源产品研发取决于其对市场价格和利润的预期。假定 $t-1$ 期和 t 期能源产品市场并未受到巨大冲击,且在 $t-1$ 期能源产品的市场价格与其单位市场价值相等,我们可以认为企业预期两期之间的产品市场价格一致。再进一步假设潜在企业无论是选择新能源产品还是传统能源产品进行生产,在本国市场上所能实现的能源产品数量都一样,那么,企业的研发决策就取决于预期产品利润率。则 t 期的潜在企业对产品的预期市场价格和生产产品 $n(n=1,2)$ 的预期利润率分别可以表示为：

$$p_t^e = w_{t-1}^m \tag{5.12}$$

$$r_{nt}^e = \frac{q_{nt}^e p_t^e - k_{nt}}{k_{nt}} = \frac{A_{nt}^e k_{nt} w_{t-1}^m - k_{nt}}{k_{nt}} = A_{nt}^e w_{t-1}^m - 1 \tag{5.13}$$

其中,k_{nt} 和 q_{nt}^e 分别表示潜在企业的预付资本和预期产品数量。

为了简化分析,我们假设潜在企业在 $t-1$ 期产品 n 的最高技术水平 A_{nt-1}^h 基础上进行研发。其中

$$A_{nt-1}^h = \begin{cases} \max_{i \in I_{t-1}} A_{1it-1}, & if\, n=1 \\ \max_{j \in J_{t-1}} A_{2jt-1}, & if\, n=2 \end{cases} \qquad (5.14)$$

若潜在企业对产品 n 进行研发投资,假设研发成功率为 $\lambda_n (0<\lambda_n<1)$, 一旦研发成功,技术水平可以在上一期最高技术水平的基础上提高 $\tau (\tau>1)$ 倍,研发成功的企业将获得超额剩余价值。如果研发没有成功,则按照上一期最高技术水平进行能源产品的生产。则厂商的预期技术水平可以表示为:

$$A_{nt}^e = (1+\tau\lambda_n)A_{nt-1}^h \qquad (5.15)$$

当且仅当潜在企业预期利润率满足: $r_{1t}^e > r_{2t}^e$,其才会进行新能源产品的研发投入,而 $A_{1t}^e > A_{2t}^e$ 即 $\dfrac{A_{1t-1}^h}{A_{2t-1}^h} > \dfrac{1+\tau\lambda_2}{1+\tau\lambda_1}$ 是满足这一条件的必要前提。

若 t 期的潜在企业选择新能源产品的技术研发,则可以得到:

$$\frac{A_{1t}}{A_{2t}} = (1+\tau\lambda_1)\frac{A_{1t-1}^h}{A_{2t-1}^h} > 1+\tau\lambda_2 > \frac{1+\tau\lambda_2}{1+\tau\lambda_1} \qquad (5.16)$$

显而易见,若 t 期的潜在企业进行新能源产品研发,那么 $t+1$ 期的潜在企业会有预期: $r_{1t+1}^e > r_{2t+1}^e$,因此, $t+1$ 期的潜在企业依然进行新能源产品的研发投资。同理可以证明,若 t 期的潜在企业选择传统能源产品的技术研发,那么后续每一期的潜在企业都会倾向于传统能源产品的技术研发。

由此可见,企业进行产品研发投入具有路径依赖性,即当初始技术创新倾向于传统能源产品或者新能源产品时,后续研发投入也会延续此路径。

二、封闭条件下政府扶持对企业研发决策的作用机制

当前的资源损耗与环境污染告诉我们,现有的技术进步呈现传统能源技术进步的路径依赖性,这是企业在市场经济条件下追求利益最大化目标所形成的路径。因此,仅靠市场并不能扭转技术进步的方向,只有借助政府这一

外力才能实现对技术创新方向再引导。

政府关于新能源技术创新方面的扶持不仅包括直接对新能源企业的扶持,诸如技术研发补贴、土地优惠、信贷支持等;还有间接的扶持,比如对传统能源企业所征收的税费等,因为对传统能源的抑制可能为消费者选择新能源产品带来更多的可能。总结来看,本研究将政府关于新能源方面的扶持并有可能影响新能源技术创新的路径总结为:研发补贴、生产补贴和对传统能源企业征收污染税费。[①] 我们首先考虑在封闭经济条件下,这三种扶持方式对潜在企业进行新能源产品研发投入的影响。

1. 研发补贴

假设政府在 t 期对新能源企业实施研发补贴 μ_t,新能源企业只能将 μ_t 用来研发,则 μ_t 应该与新能源企业的研发概率存在正向促进的关系,即可以假定 $\frac{\partial \lambda_n}{\partial \mu_t} > 0$,此时,潜在企业生产新能源产品的利润率可以表示为:

$$r_{1t}^{ei} = A_{1t}^{ei} w_{t-1}^m - 1 = [(1 + \tau \lambda_n(\mu_t)) A_{nt-1}^h] w_{t-1}^m - 1 \qquad (5.17)$$

其中,r_{1t}^{ei} 和 A_{1t}^{ei} 分别表示在政府实施直接研发补贴情况下新能源企业的预期利润率和技术进步后的预期水平。由于 $\frac{\partial \lambda_n}{\partial \mu_t} > 0$,政府实施研发补贴可以直接提高 A_{1t}^{ei},直到 $A_{1t}^{ei} > A_{2t}^e$ 即 $\frac{A_{1t-1}^h}{A_{2t-1}^h} > \frac{1 + \tau \lambda_2}{1 + \tau \lambda_1(\mu_t)}$ 时,可以得到 $r_{1t}^{ei} > r_{2t}^e$,那么,潜在企业就会选择新能源技术研发,即技术进步路径由传统能源产品技术创新转向新能源技术创新。

2. 生产补贴

假设政府根据新能源产品利润总量,给予其生产以比率为 φ_t 的补贴,则

---

① 政府对新能源企业的直接补贴必然是直接扶持,同时,本研究在假设传统能源产品与新能源产品有替代效应的前提下,进一步假设对传统能源企业征收污染税也同样会对新能源产品的技术进步产生促进作用,因此,我们将征收传统能源企业污染税费同时视为对新能源企业的一种间接扶持。景维民和张璐(2014)在讨论政府干预与绿色进步时曾将环境管制政策分为两类:一是对绿色技术的"研发补贴",二是对污染排放的"环境税"。由此,本研究将关于新能源技术创新的政府扶持方式归纳为:研发补贴、生产补贴和污染税费。

此时潜在企业生产新能源产品利润率可以表示为：

$$r_{1t}^e = (1 + \varphi_t)(A_{1t}^e w_{t-1}^m - 1) \tag{5.18}$$

由式 5.18 可以看出，生产补贴是直接提高企业的利润率，那么，根据 φ_t 的取值范围不同，需要考虑三种情况：

一是 φ_t 足够高，满足 $\varphi_t > \dfrac{(A_{2t}^e - A_{1t-1}^h)w_{t-1}^m}{A_{1t-1}^h w_{t-1}^m - 1}$，已经可以直接得到 $r_{1t}^e > r_{2t}^e$，潜在企业会选择新能源产品进行生产，但是可以不进行技术创新，只需要在 A_{1t-1}^h 的水平下进行生产即可。

二是 φ_t 还不足够高，但是若能够满足 $\dfrac{(A_{2t}^e - A_{1t}^e)w_{t-1}^m}{A_{1t}^e w_{t-1}^m - 1} < \varphi_t < \dfrac{(A_{2t}^e - A_{1t-1}^h)w_{t-1}^m}{A_{1t-1}^h w_{t-1}^m - 1}$，那么，在产量一定的情况下，企业可能考虑新能源技术创新。

三是 φ_t 比较低，满足 $0 < \varphi_t < \dfrac{(A_{2t}^e - A_{1t}^e)w_{t-1}^m}{A_{1t}^e w_{t-1}^m - 1}$，那么，此时，企业不会考虑进行新能源研发投入。

3. 征收污染税费

如果政府对每单位的传统能源产品征收 γ_t 单位的污染税，那么，此时潜在企业生产传统能源产品的预期利润率变为：

$$r_{2t}^{et} = A_{2t}^e (w_{t-1}^m - \gamma_t) - 1 \tag{5.19}$$

即继续传统能源产品生产会引致利润率下降。此时，潜在企业的研发决策取决于征收污染税费的强度。当污染税费率较低或者比较一般，且满足 $0 \leqslant \gamma_t < w_{t-1}^m \left(1 - \dfrac{A_{1t}^e}{A_{2t}^e}\right)$ 时，潜在企业可能继续传统能源产品的生产，同时进行相关污染处理以达到环境规制要求。当污染税费率适当，且满足 $w_{t-1}^m \left(1 - \dfrac{A_{1t}^e}{A_{2t}^e}\right) < \gamma_t < w_{t-1}^m \left(1 - \dfrac{A_{1t-1}^h}{A_{2t}^e}\right)$ 时，污染税费较高，潜在企业就会考虑进行新能源产品研发，但是如果污染税率过高，且满足 $\gamma_t > w_{t-1}^m \left(1 - \dfrac{A_{1t-1}^h}{A_{2t}^e}\right)$ 时，潜在企业可能选择利用现有的新能源技术进行新能源产品生产,不会进行技术创新。

可见,合理的污染税费征收也有可能改变原有的技术创新路径,引导潜在企业步入新能源技术进步轨道。

因此,在封闭经济条件下,对于研发补贴 μ_t 而言,它会直接作用于企业的研发投入,只要满足 $\dfrac{A_{1t-1}^h}{A_{2t-1}^h}>\dfrac{1+\tau\lambda_2}{1+\tau\lambda_1(\mu_t)}$ 时,企业就会进行新能源产品技术创新。对于生产补贴率 φ_t 而言,若

$$\frac{(A_{2t}^e-A_{1t}^e)w_{t-1}^m}{A_{1t}^e w_{t-1}^m-1}<\varphi_t<\frac{(A_{2t}^e-A_{1t-1}^h)w_{t-1}^m}{A_{1t-1}^h w_{t-1}^m-1},$$

潜在企业可能选择进行新能源产品技术创新。对于污染税费率 γ_t 而言,如果其满足 $w_{t-1}^m(1-\dfrac{A_{1t}^e}{A_{2t}^e})<\gamma_t<w_{t-1}^m(1-\dfrac{A_{1t-1}^h}{A_{2t}^e})$,潜在企业可能选择新能源产品技术研发。即合适的研发补贴、生产补贴以及污染税费程度都有可能改变传统能源产品技术进步方向,对新能源技术研发投入有一定的促进作用。

三、开放经济条件下企业的研发决策分析

在开放经济条件下,以技术水平、技术结构和环境规制力度等因素所代表的差异性将对有贸易往来的两国的技术进步方向和程度均产生影响,尤其是对技术差距较大的两国。我国新能源相关产品的大量出口已经成为当前新能源产业发展的一个重要现象,那么出口贸易如何对新能源产品技术创新(新能源企业研发选择)产生影响成为我们亟须探究的一个问题。景维民、张璐(2014)在探究开放条件下的绿色进步时曾指出,"对外开放对绿色技术进步会存在两方面影响:一是技术溢出效应的正向影响,二是产品结构效应的

负向影响"。[①] 将这一逻辑引申至出口贸易与新能源产品企业研发决策的关系中,我们发现,出口贸易对我国新能源产品之间至少存在两方面的影响:一是创新激励效应,二是低端固化效应。

1. 创新激励效应

低廉的资源成本所带来的低价格并非一国产品在国际市场上获得长期竞争优势的关键,技术创新所带来的产品品质优势才是竞争的主要突破口。因此,产品技术较为落后的国家会有两种选择:一是模仿创新,在贸易中会不断模仿和吸收其他国家较为先进的技术以改进自身产品;二是自主创新,从剩余价值中分配出一部分资源用于研发投入。一般而言,模仿成本低于自主研发成本,技术较为落后的国家首先会选择模仿,因此,本研究在此主要分析模仿创新。

不妨假设 A 国拥有较为先进的技术,主要从事技术研发和创新;而 B 国技术较为落后,往往承担技术模仿或者模仿创新的角色。从而 B 国企业进行模仿后的预期技术水平可以表示为:

$$A_{1it}^{B}=\rho_{1i}A_{it}^{A}+(1-\rho_{1i})A_{1it-1}^{B} \tag{5.20}$$

$$A_{2jt}^{B}=\rho_{2j}A_{2t}^{A}+(1-\rho_{2j})A_{2jt-1}^{B} \tag{5.21}$$

其中,ρ_{1i} 和 ρ_{2j} 表示 B 国新能源企业 i 和传统能源企业 j 模仿 A 国传统能源和新能源生产技术成功的概率。假设对于 B 国来说,只要模仿成功就能生产出与 A 国同样质量的设备,达到与 A 国同样的生产技术水平。为了便于推导,我们忽略 B 国进行模仿的成本,则其模仿 A 国能源产品技术所能获得的期望利润率可以表示为:

$$r_{1it}^{B}=\rho_{1i}A_{1t}^{A}w_{t-1}^{m}-1 \tag{5.22}$$

$$r_{2jt}^{B}=\rho_{2j}A_{2t}^{A}w_{t-1}^{m}-1 \tag{5.23}$$

从而,A 国能源产品技术方向及水平、B 国模仿是否成功的概率成为影响 B 国技术方向和水平的主要因素。若 A 国在新能源产品技术上具有较高的水平,而 B 国又能有较高的模仿成功率,那么,贸易中的竞争效应将会提升

---

① 景维民、张璐:"环境管制、对外开放与中国工业的绿色技术进步",《经济研究》2014 年第 9 期。

B 国的新能源技术水平。当然,如果 A 国实行严苛的知识产权保护制度以至于模仿成本高于自主创新成本,B 国也会选择通过自主创新实现产品升级,从而在市场上取得竞争优势地位。无论是模仿还是自主创新,竞争效应都会带来新能源企业研发投入的增加。

2. 低端固化效应

一旦考虑开放经济条件,我们放宽"本国新能源产品销售量的实现是固定的"这一假设条件,放宽这一假设也符合我国当前新能源销售的状况。比如,2012 年我国 80％以上的太阳能电池产品均用于出口,其中 70％出口至欧洲。也就是说,此时企业可以通过产品数量的扩张来提高利润总量。对于企业而言,尽管利润的增加有利于其长期发展,但是企业往往会选择规避研发所带来的不确定性和风险性,而注重短期利润的增加。我们可以将企业新能源产品生产的利润总量表述为:

$$R_{1it}^B = (A_{1it}^B w_t^m - 1)k_{1it} \tag{5.24}$$

进一步结合政府的生产补贴,可以进一步表示为:

$$R_{1it}^{Bs} = (1+\varphi_t)(A_{1it}^B w_t^m - 1)k_{1it} \tag{5.25}$$

由式(5.25)可以看出,新能源企业可以提高技术或者增加预付资本(扩大产能)来提升利润总量,然而,选择提高 A_{1it}^B 可能存在一定的风险性和不确定性,因此,为了规避风险,企业往往选择增加 k_{1it}^e,即扩大产能。目前,我国新能源产品的大量出口并非依赖其技术和工艺上的国际竞争力,而是归因于我国低廉的土地成本、环境成本以及财政补贴所带来的低价优势(罗来军、朱善利、邹宗宪,2015)。由此可见,政府对新能源产品生产的大力扶持与国外市场对新能源产品的需求可能共同促使技术较为落后的新能源企业逐渐占据低劳动成本(相较于发达国家 v_{1t} 较小)的新能源产品中低端市场或者生产环节,甚至通过不断扩大产能(不断扩大 k_{1it})以确保长期低价优势,因而,新能源企业在短期利润(R_{1it}^B)的驱使下很难考虑进行技术创新投入,从而在新能源产业的国际分工中,我国被长期固化在价值链的低端环节。

简言之,开放经济条件下,创新激励效应会促进新能源产品的技术研发投入,而低端固化效应又会抑制新能源产品的技术研发投入。

第二节　政府扶持对我国新能源技术创新力的实证检验

理论分析表明,研发补贴、生产补贴、污染税费征收和出口贸易都可能对新能源企业的研发投入产生影响。本节试图在现实经济条件下,检验这些因素对我国新能源上市公司研发投入的作用效果。在指标确定和计量模型构建的基础上,采用系统 GMM 估计方法对理论逻辑进行实证分析。

一、数据描述与指标说明

考虑到数据的可得性以及公司的代表性,本研究选取 2001—2014 年沪深 A 股市场新能源上市公司的相关数据作为研究对象,在上述理论的基础上检验生产补贴、出口贸易以及其他因素对我国新能源技术创新力的影响。数据主要来源于 Wind 资讯、同花顺数据库和中国经济与社会发展数据库。

（一）样本选择说明

新能源上市公司数量的数据来自作者的手工搜集,具体根据 Wind 资讯和同花顺数据库中的概念股相关信息,翻阅公司历年的年报和新闻公告,将披露的主营业务和主要产品涉及太阳能、风能、水能、生物质能和新能源汽车等领域的上市公司列为新能源上市公司,并根据其上市时间核定了每家公司进入新能源领域的时间节点。经整理,共核准 111 家新能源上市公司（见表 5.1）。由表 5.1 可知,新能源上市公司数量从 2001—2015 年一直在持续增加。截至 2015 年,沪深 A 股市场中新能源企业数量从 2001 年仅有的 5 家增加到 111 家。

表 5.1   **历年新能源上市公司数量统计(2001—2015 年)**

年份	当年公司数量(家)	累计公司数量(家)
2001	5	5
2002	1	6
2003	2	8
2004	2	10
2005	4	14
2006	5	19
2007	12	31
2008	10	41
2009	4	45
2010	15	60
2011	15	75
2012	9	84
2013	5	89
2014	9	98
2015	13	111

注:截至 2015 年 4 月 22 日有 18 家新能源公司的研报还未公布,所以本研究使用的数据是 2001 年至 2014 年。其中部分新能源企业在其上市之前就已经涉猎新能源领域,因此,数据也采用其上市之后的数据;还有部分新能源上市公司在其上市一段时间之后才真正涉及新能源业务,因此,本研究也只采用其进入之后的数据。

数据来源:作者根据 Wind 资讯和同花顺数据库计算整理。

(二)变量设定与指标选取

政府补贴对新能源战略产业的初期发展至关重要,若新能源产业能够利用政府补贴增强其技术创新能力,不仅能够形成较好的新能源国内市场,也能增强我国新能源产品的国际竞争力。因此,本研究选取新能源企业的 R&D 研发强度作为被解释变量。设定政府补贴、出口企业虚拟变量和环境规制作为解释变量。这里需要说明的是,本研究在理论模型中将政府补贴划分为研发补贴和生产补贴,然而由于数据的可获得性,我们只能查阅到这些上市公司的总补贴额,并不能区分具体的补贴用途。这虽然在一定程度上能够检验总体政府补贴对新能源技术创新力的影响作用,但不能细致区分不同形式补贴的影响,导致对理论模型的检验力度有所削弱,这是本研究实证的一个不足之处。综合白俊红(2011)、黄俊等(2011)、周亚虹等(2015)等人的研究,本研究选取公司规模、成长能力、盈利能力和财务杠杆作为控制变量,以盈利能力和成长能力相关指标作为稳健性检验变量。相关变量定义、计算方法等具体见表5.2,其中污染治理投资数据来源于中国经济与社会发展数据库,其他数据均来源于 Wind 资讯。

表 5.2　　　　　　　　　　　　　主要变量定义与说明

变量名称	变量简称	变量定义
研发强度	RD	研发费用/营业收入×100
政府补贴	$Subsidy$	(政府补助＋税收返还)/营业收入×100
出口企业①	$Export$	1:企业有海外收入; 0:企业无海外收入
污染税费	Env	污染治理投资②的对数
公司规模	$Size$	资产总额的对数
成长能力	$Sales$	营业收入的对数
盈利能力	$Profit$	净利润的对数
财务杠杆	Lev	负债总额/资产总额×100

注:部分变量乘以 100 的目的是保持变量之间有相同的数量级。

资料来源:作者整理。

(三)变量描述性统计

为了减轻异常值的影响,我们用 Winsorize 方法对所有变量在 1% 水平的极端值进行了缩尾处理,变量处理、描述性统计以及模型的回归分析均在

---

① 由于数据的可获得性,上市公司的具体出口数据大量缺失,直接使用会损失过多数据从而影响实证结果的准确性,因此,我们根据公司研报确认公司是否为出口企业,并采用是否为出口企业这一虚拟变量。

② 根据 Gray(1987)、Lanoie et al.(2008)、景维民和张璐(2014),我们选取污染治理投资来衡量环境规制强度。由于我国环境税还没有形成固定的模式,考虑到数据的可得性,本研究也沿用现有研究的做法,采用污染治理投资这一指标来衡量环境规制强度。

软件 Stata13.0 中完成。2001—2014 年新能源上市公司相关财务指标的描述性统计分析如表 5.3 所示。可以看出,研发强度的均值略高于中位数,且最小值与最大值之间的差距较大,这说明大多数新能源企业的研发强度较低;政府补贴强度均值高于中位数,表示不同企业受政府补贴强度差距较大;出口企业虚拟变量的均值为 0.719,说明我国新能源出口上市公司占比超过一半,大多数公司具有出口业务。

表 5.3　　　　　　　　　新能源上市公司相关财务指标变量的描述统计

变量	均值	中位数	标准差	最小值	最大值
RD	3.257	2.954	2.557	0.046	15.232
$Subsidy$	1.081	0.607	1.511	0.006	9.140
$Export$	0.719	1.000	0.449	0.000	1.000
Env	17.444	17.527	0.719	16.272	18.377
$Size$	21.839	21.681	1.214	19.236	25.393
$Sales$	21.101	20.956	1.423	17.295	25.064
$Profit$	18.355	18.294	1.529	14.855	22.468
Lev	53.679	53.321	33.069	5.866	301.950

资料来源:作者计算整理。

二、估计方法说明与计量模型构建

本研究采取系统 GMM 方法对上述模型进行估计。由于上述面板模型在解释变量中引入了被解释变量的滞后项,这在一定程度上会引致内生性问题,因而难以满足传统的混合最小二乘、标准的面板固定效应以及随机效应模型等估计方法的假设条件,采取这些方法可能并不会得到无偏且一致的估计结果。而 Arellano&Bover(1995)、Blundell&Bond(1998)所提出的动态面板数据广义矩估计(GMM)法为此提供了一个较好的解决路径,这种方法不需要随机误差项准确的分布信息,一方面,即使存在单位根,GMM 方法依然有效;另一方面,通过工具变量的设置,它能有效解决模型中的内生性问题。

对于动态面板而言,GMM 又有两类估计方法,即差分 GMM 和系统 GMM。差分 GMM 是指利用滞后项作为工具变量对差分后的方程进行 GMM 估计,这种方法会引致样本信息的损失,较长的时间连续性也会削弱工具变量的有效性;而系统 GMM 方法是在其基础上将差分方程和水平方程作为一个方程系统进行 GMM 估计,这样可以利用更多的样本信息,能够有效地克服前者的局限并提高估计的效率和精度(陈强,2013)。

对于系统 GMM 估计模型的稳健性检验通常有三种方法:一是通过其他不同方法对模型进行估计以比较系数;二是以相同的方法但按照不同的标准分样本进行实证检验,如分行业或者分时间段样本;三是替换相关代理变量或者逐步加入控制变量以验证稳健性。就计量方法而言,在上述分析中我们得出结论,系统 GMM 是本研究最为合适的估计方法;就分样本而言,由于新能源产业还处于初步起航阶段,其公司数量以及相关数据量并不是很充裕,笔者曾尝试采用以行业标准或是以时间阶段分样本实证,但均出现样本量不足难以得到精确实证结果的情况;而就关键变量(政府补贴、污染税费和出口)而言,其皆有直接的数据,并不需要相关替代性代理变量,因此,本研究采取逐步增加控制变量的手段以验证模型结果的稳健性。

本研究理论模型指出,政府补贴、污染税费以及出口贸易都可能对我国新能源企业的研发投入产生一定程度的影响。因此,本研究构建如下计量模型:

$$RD_{i,t}=\beta_{oi}+\beta_1 RD_{i,t-1}+\beta_2 Subsidy_{i,t}+\beta_3 Env_{i,t}+\beta_4 Export_{i,t}+\gamma X_{i,t}+\varepsilon_{it}$$

$$(5.26)$$

其中,$RD_{i,t-1}$ 为上一期的研发强度,$X_{i,t}$ 为控制变量,包括上一期研发强度平方项 RD_{-1}^2、财务杠杆 Lev、成长能力 $Sales$、盈利能力 $Profit$ 以及公司规模 $Size$。这里需要说明的是,研发投入对技术创新的影响往往存在滞后效应,当期投入对技术创新的促进作用可能要到下一期才能够显现出来,因此,上一期研发投入对当期研发有着重要影响,故我们直接将其纳入基准模型。此外,这种关系很有可能是非线性关系(周亚虹、蒲余路、陈诗一等,

2015),本研究进一步将其平方项也纳入控制变量中。

三、实证结果分析

考虑将企业性质相关的变量尽量全部控制,本研究将 RD^2_{-1}、Lev、$Sales$、$Profit$ 以及 $Size$ 逐步纳入基准模型,形成表 5.4 中六列估计结果。可以看出,六列估计结果的 $AR(1)$ 均在 1% 或 5% 水平上拒绝原假设,$AR(2)$ 均接受原假设,表明扰动项的差分是一阶自相关的,但不存在二阶自相关,满足系统 GMM 的前提假设条件。与此同时,检验工具变量过度识别问题的 Hansen'J 过度识别检验 p 值均高于 0.1,即均接受所有工具变量都有效的原假设。表 5.4 清晰地告诉我们,不同估计结果中关键变量的显著性基本一致,变量的系数符号皆在预期范围之内。这就证明选取系统 GMM 估计方法是合适的,且结果是稳健的。

表 5.4　　　　　　　　　　动态面板系统 GMM 估计结果

变量名	(1)	(2)	(3)	(4)	(5)	(6)
RD_{-1}	0.304*** (0.115)	1.279** (0.627)	0.950* (0.540)	0.625** (0.262)	0.776*** (0.244)	0.544** (0.230)
$Subsidy$	0.824*** (0.205)	0.346** (0.171)	0.396*** (0.124)	0.267** (0.113)	0.173* (0.099)	0.269* (0.143)
Env	0.454 (0.796)	−1.720 (1.263)	−1.224 (1.090)	0.533 (0.904)	−0.685 (1.180)	1.163 (0.747)
$Export$	0.642 (0.591)	−0.089 (0.541)	0.017 (0.438)	0.591 (0.687)	0.707 (0.917)	0.402 (0.514)
RD^2_{-1}		−0.070 (0.057)	−0.043 (0.048)	−0.036* (0.020)	−0.040* (0.024)	−0.014 (0.019)
Lev			−0.011 (0.015)	0.027 (0.029)	−0.002 (0.018)	0.002 (0.023)
$Sales$				−1.272** (0.589)	−1.373** (0.561)	0.647 (0.855)
$Size$					0.827 (0.537)	−1.117 (0.684)
$Profit$						−0.268 (0.367)
$AR(1)p$ 值	0.009	0.041	0.026	0.022	0.020	0.028
$AR(2)p$ 值	0.813	0.500	0.500	0.975	0.704	0.355

变量名	(1)	(2)	(3)	(4)	(5)	(6)
Hansen-overid（p 值）	0.432	0.220	0.122	0.359	0.404	0.974
观测值	321	321	321	321	321	283

注：略去常数项，括号内为标准误，$^{***}\ p<0.01,^{**}\ p<0.05,^{*}\ p<0.1$。

资料来源：作者计算整理。

由于基准模型中的控制变量较少，因此，可能引致其系数较逐步增加控制变量后的报告中系数有较大的差异，但总体来看系数还算比较稳定。由于第六列结果中包含了尽可能多的控制变量，这个结果更为精确和有效，因此，我们以第六列结果为基础进行分析。

首先，政府直接补贴（Subsidy）系数为正且在 10% 水平上显著，这与本研究上述理论预期相符，表明政府补贴对新能源企业研发投入起到正向的促进作用。然而，这一结论与王宇、刘志彪（2013）研究结论有出入，其认为我国政府对新兴产业最终产品直接的价格补贴只能在短期内实现这一产业的产能扩张，并不会对其研发能力有任何的提升作用，补贴最终会被产业中参与生产制造环节的低端生产要素获得。当然，由于数据的可获得性，本研究并未区分政府对新能源企业的最终产品补贴与研发补贴进行分别检验。但可以说明的是，政府当前对新能源企业的补贴形式对新能源相关技术进步有一定的促进作用。

其次，污染治理投资（Env）的系数并不显著，这也在我们理论预期范围内。污染治理投资对新能源技术创新会产生正效应和负效应两方面的影响，这里系数不显著的原因可能在于，企业在进入新能源领域还是进行环境污染治理的决策过程中，往往会选择后者。即在现今的环境规制强度还未达到一定程度时，传统企业选择进行污染处理以尽量达到环境规制要求，在进行污染治理设备等方面投入成本时，反而减少了对新能源技术的创新投入。目前来看，环境规制并未对新能源企业的研发投入产生挤入效应。

再次，出口贸易（Export）对新能源企业的研发投入影响并不显著，创新激励效应与低端固化效应孰强孰弱尚不能定。

最后,在其他变量中,滞后一期研发强度的系数在5%的显著性水平下显著,证明企业的研发强度具有惯性和累积性,上一期较高的研发投入会促进本期研发投入的增加(周亚虹、蒲余路、陈诗一等,2015)。与此同时,企业性质相关指标,包括财务杠杆、公司规模和盈利能力等系数均不显著。

四、主要结论与说明

本章首先将新能源技术力界定为新能源企业实现技术进步的能力,具体划分为技术创新力和技术扩散力,即分别表示新能源企业进行技术创新和技术扩散的能力。其次,将政府关于新能源企业技术方面的相关扶持总结为研发补贴、生产补贴和环境税费,进而考察这三种政府扶持方式对新能源技术创新力的影响。最后,通过我国新能源上市公司的相关数据,采用广义矩估计的方法对理论逻辑进行实证检验。得到以下结论:

第一,在封闭经济条件下,研发补贴会直接作用于企业的研发投入,只要满足 $\dfrac{A_{1t-1}^{h}}{A_{2t-1}^{h}}>\dfrac{1+\tau\lambda_2}{1+\tau\lambda_1(\mu_t)}$ 时,企业就会进行新能源产品技术创新。对于生产补贴而言,只有当生产补贴率满足 $\dfrac{(A_{2t}^{e}-A_{1t}^{e})w_{t-1}^{m}}{A_{1t}^{e}w_{t-1}^{m}-1}<\varphi_t<\dfrac{(A_{2t}^{e}-A_{1t-1}^{h})w_{t-1}^{m}}{A_{1t-1}^{h}w_{t-1}^{m}-1}$ 时,潜在企业可能进行新能源产品技术创新。对于征收污染税费而言,如果满足 $w_{t-1}^{m}\left(1-\dfrac{A_{1t}^{e}}{A_{2t}^{e}}\right)<\gamma_t<w_{t-1}^{m}\left(1-\dfrac{A_{1t-1}^{h}}{A_{2t}^{e}}\right)$,潜在企业可能选择新能源产品技术研发。即合适的研发补贴、生产补贴以及污染税费程度都有可能改变传统能源产品技术进步方向,对新能源技术研发投入产生促进作用。

第二,在开放经济条件下,创新激励效应会促进新能源企业的技术研发投入,而低端固化效应又会抑制新能源产品的技术研发投入。

第三,实证检验结果表明,我国目前政府补贴(研发补贴和生产补贴的总和)对新能源企业研发投入起正向的促进作用,污染治理投资以及是否为出口企业对新能源企业研发投入的作用效果并不显著。

　　当然，由于数据的可获得性以及实证操作能力的有限性，本研究实证部分还存在不足，主要是只能查阅到政府对每个新能源上市公司的补贴总额，未能区分研发补贴和生产补贴。虽然可以说明现有政府补贴对新能源企业的研发投入起一定的正向作用，但是未能检验究竟是研发补贴还是生产补贴所起的作用。

第六章 新能源生产力的理论与实证研究

　　我国新能源产业长期处于低迷状态的一个重要原因就是新能源产品生产力长期处于低端水平，且并未体现高端化的发展趋势，这就导致我国新能源消费力萎靡、替代力不足。本章将政府关于提升新能源生产力的扶持举措归纳为生产补贴，而后考察其对提升新能源产品生产能力的作用机制，并基于 DEA-Tobit 模型测算我国新能源上市公司的生产效率，进一步考察新能源生产力的影响因素。

第一节　新能源生产力的理论分析

　　本节的目的在于厘清政府有关新能源企业的补贴对其生产能力提升的作用逻辑。那么，首先需要界定何为新能源企业生产力；其次考察生产补贴对新能源企业生产力的作用机理；最后，本研究试图探明开放经济条件下国际市场竞争对我国新能源企业生产能力的影响机制。

一、新能源生产力的内涵界定

所谓新能源生产力,是指新能源企业在一定技术水平下利用相关生产资料生产新能源产品的能力。新能源生产力是新能源力系统的基础,对新能源消费力、新能源替代力起决定性作用。

如何衡量新能源企业的生产力?马克思关于劳动生产力的衡量标准为我们提供了逻辑起点。马克思以劳动生产率来衡量劳动生产力的大小,劳动生产率是指单位时间内生产产品的数量或生产单位产品所花费的劳动时间,前者数值越大或后者越小均表示劳动生产率越高。按此逻辑,新能源产品生产力就表示单位时间内生产新能源产品的数量或生产单位新能源产品所花费的时间。沿用至新能源企业生产能力的测度中,则是指单位时间内生产新能源产品的数量,或者生产某一件新能源产品所耗费的劳动时间。在现实经济条件下,直接使用这样的衡量方法可能存在至少以下三点问题:

一是企业对生产资料的利用效率未能得到计量。当前社会倡导节约发展,在一定的技术水平条件下,实现生产资料的最大化利用,才是关键目标。

二是不同类型的新能源产品难以统一比较。比如无法比较新能源发电行业和新能源非发电行业的生产能力,由于两类产品的评价参数不一致,因而无法直接进行数值对比。

三是我国当前新能源产业发展已经出现严重的产能过剩,以产品数量来衡量新能源企业生产能力缺乏科学性与合理性。

事实上,马克思曾指出,"生产力当然始终是有用的、具体的劳动生产力,它事实上只决定有目的的生产活动在一定时间内的效率"①。也就是说,对于生产力的衡量也应该注重效率视角的结果。因此,本研究试图从投入产出的角度考察新能源企业的生产能力,即用新能源企业生产效率作为生产能力的衡量指标。那么,新能源企业的生产力则表示在既定的投入下实现最大产

---

① 马克思:《资本论》(第 1 卷),人民出版社 2004 年版,第 59 页。

出的水平,若实现的程度越高,说明生产效率越高。

二、生产补贴对新能源生产力的作用机制

假设市场上存在同质新能源企业 $i(i \in I, I$ 为生产新能源产品 1 的企业的集合)的不变资本、可变资本和剩余价值率分别为 c_i、v_i 和 m_i'。不失一般性,假定每一期的不变资本价值均完全转移至产品中,企业 i 生产的新能源产品的个别价值总量则可以表示为:

$$w_i = c_i + (1 + m_i')v_i \tag{6.1}$$

式(6.1)仅考虑了企业自身资本和劳动投入所形成的新能源产品价值。

政府对提升新能源生产力的扶持种类较多,包括税收减免、土地优惠、直接财政补贴、信贷支持等。为了简化模型,本研究将这些扶持综合量化为关于新能源企业的生产补贴。假定其为关于新能源企业产能的补贴,即可以被视为剩余价值的函数。假定政府对新能源企业 i 的补贴额为 T_i,且这种补贴表现为生产补贴,即补贴额为剩余价值的函数,则可以表示为 $T_i = \rho_i v_i m_i'$,其中 ρ_i 为生产补贴率。假定在一定时期内各企业的生产条件并不发生改变,则该企业的资本有机构成可以表示为 $\theta_i = c_i / v_i$。若按照个别价值出售,此时企业的利润率可以表示为:

$$r_i = \frac{v_i m_i' + \rho_i v_i m_i'}{c_i + v_i} = \frac{m_i'(1 + \rho_i)}{1 + \theta_i} \tag{6.2}$$

令企业 i 生产新能源产品的预付资本为 k_i,于是产品个别价值总量可以进一步表述为:$w_i = (1 + r_i)k_i$。若在一定时期内,企业 i 的劳动复杂程度也不发生变化,即可假设工人单位时间创造的价值为 ε_i。则资本 k_i 支配的活劳动时间 τ_i 为:

$$\tau_i = \frac{1 + m_i' + \rho_i m_i'}{\varepsilon_i(1 + \theta_i)} k_i \tag{6.3}$$

我们进一步设定相应的劳动生产率为 f_i,则新能源企业生产的产品数量可以表示为:

$$q_i = \frac{1+m_i'+\rho_i m_i'}{\varepsilon_i(1+\theta_i)} f_i k_i \tag{6.4}$$

由上式可见，$\frac{\partial q_i}{\partial \rho_i} = \frac{m_i'}{\varepsilon_i(1+\theta_i)} f_i k_i > 0$，也就是说，政府关于新能源企业的生产补贴越多，企业生产新能源产品的数量就会越多。这种数量的增多可能通过两条路径：一是单纯的扩大规模；二是提高生产效率。首先，相比利润率的提高，企业在做决策时往往偏好利润总量。因此，面对政府的生产补贴，企业往往首先选择扩大规模，这就会导致新能源企业的重复性建设和过度投资，进一步造成产能过剩。其次，考虑到生产设备等固定资本的扩张在时间上往往存在滞后性，即固定资本的租赁、购置和建设等行为均需要时间，因此，企业会考虑在现有设备基础上提升技术效率，以现有投入实现最大化产出。

三、开放经济条件下新能源生产力的衍生效应分析

当前我国新能源产品的消费缺乏内销性，多在海外市场进行销售，比如，2012 年我国 80％以上的太阳能电池产品均用于出口。在开放经济条件下，上述扩大新能源产品产量的两条路径可能分别带来新能源产品的低端产能扩张效应和产品质量提升效应，本研究将这两种效应称为开放经济条件下新能源生产力的衍生效应。

1. 低端产能扩张效应

在国际分工市场中，我国新能源产品可能逐步陷入低端产品行列，从而造成我国新能源产业低端产能扩张。目前，我国新能源产品的大量出口并非依赖其技术和工艺上的国际竞争力，而在于我国低廉的土地成本、环境成本以及丰厚的财政补贴（罗来军、朱善利、邹宗宪，2015）。尽管了解技术创新才能真正获得国际市场竞争中的话语权，但面对技术研发的高风险和利润的高不确定性，企业往往选择规避风险，在长久竞争和比较优势中，选择占据中低端市场或者中低端的新能源产品加工环节，以此来保持长期的低价竞争优

势。这就使得我国新能源产业长期陷入低端产能扩张效应,并不利于我国未来新能源产业的健康发展。

2. 产品质量提升效应

在国际市场的竞争中,新能源企业也会提升产品质量以增加竞争优势。以低廉的资源成本所带来的低价格并非一国产品在国际市场上获得长期竞争优势的关键,技术进步所带来的产品品质优势才是竞争的主要突破口。一方面,发达国家市场对于新能源产品的质量有更高的要求,为了在国际市场上打开销售渠道,新能源企业会根据国际市场产品规范不断更新自身产品的质量。另一方面,发达国家的新能源产品无论在质量还是设计上都具备优势,为了帮助新能源产品在竞争中获取优势,新能源企业往往也会不断实现产品的更新升级。

第二节　我国新能源上市公司的生产效率测度

新能源企业生产效率的测算是考察生产补贴对其作用效果的前提。对新能源企业生产效率的测算必须考虑投入和产出变量,投入与产出之间的关系呈现复杂的状态。但投入与产出这一过程的复杂性并不是本研究需要考虑的目标,采用 DEA(Data Envelopment Analysis,数据包络分析)方法可以避开考虑这一复杂关系,直接测算出新能源企业的生产效率。

一、计量模型构建

由于在理论分析中,我们并未假定投入与产出之间具体的函数形式,因此以下采用 DEA 方法进行测度①。采用 DEA 方法测度生产效率除避免考虑投入与产出之间的函数形式外,另一个优点是不用考虑赋予投入要素的比重,其思想来源于 Farrell(1957)的效率理论,它是通过构建一个非参数的线性凸面来估计生产前沿。在此基础上,Charnes,Cooper 和 Rhodes(1978)提出了一个基于规模报酬不变(Constant Return to Scale,CRS)的 DEA 模型。这一模型得到学界的大量使用并又进一步得以发展,Banker,Charnes 和 Cooper(1984)放宽规模报酬不变这一假设,构建了规模报酬可变(Variable Return to Scale,VRS)的 DEA 模型,这一模型有更为广泛的适用范围。

DEA 主要是通过线性规划的数学过程来评价决策单元(DMU)的效率,通过简单的数学变换,可以将 DEA 模型转化为线性形式。不妨假设有 k 个决策单元 $DMU_j(j=1,2,\cdots,k)$,进一步假设 DMU_j 有 n 种投入 $X_j=(x_{1j},\cdots,x_{ij},\cdots,x_{nj})$ 和 m 种产出 $Y_j=(y_{1j},\cdots,y_{sj},\cdots,y_{mj})$,则最优化问题可以表示为如下模型:

$$Min\ \varphi$$

$$s.t. \sum_{i=1}^{n} x_{ij}\lambda_j \leqslant \theta x_{ip}\ i=1,2,\cdots,n$$

$$\sum_{s=1}^{m} y_{sj}\lambda_j \geqslant y_{sp}\ s=1,2,\cdots,m$$

$$j=1,2,\cdots,p-1,p+1,\cdots,k$$

$$\lambda_j \geqslant 0 \tag{6.5}$$

其中,φ 进一步可被视作 $DMU_p(p=1,2,\cdots,k)$ 的效率值,这是一个标量;x_{ip} 表示第 p 个 DMU 中的第 i 种投入;x_{ij} 表示第 $j(j\neq p)$ 个决策单元中的第 i 种投入;y_{sp} 表示第 p 个单元中的第 s 种产出;y_{sj} 表示第 $j(j\neq p)$ 个决策单元中的第 s 种产出。上述模型为投入导向型(Input Orient)DEA 模型②,即考虑产出既定的情况下,以最小投入与实际投入的比值作为目标函数,理性决策者将追求投入的最小化。对于式(6.5)而言,一般有 $\varphi\leqslant1$,若 φ

① 目前在研究生产率的测量方面,主要有参数法和非参数法两种。非参数法无须预设函数形式,这样可以避免函数形式错误设定所带来的结果偏差。DEA 方法是非参数法中运用最为广泛的一种。

② 其对偶形式为产出导向型(Output Orient)模型,即在给定投入的情况下考虑产出的最大化程度。

＝1，表示 DMU_p 为 DEA 有效，位于前沿面上；若 $\varphi<1$，表示 DMU_p 非 DEA 有效。

如果我们在上述模型的约束条件中再添加 $\sum_j^k \lambda_j = 1$ 这一约束，则式 (6.5) 就转化为规模报酬可变的 DEA 模型。通过该模型，可以得出综合技术效率（TE），且这一效率可以分解为纯技术效率（PTE）和规模效率（SE），这与前面的理论分析一致。在既定投入水平下，综合技术效率可以反映决策单元的总体效率情况，即所能获取最大产出的程度；纯技术效率反映的是企业的技术力和生产力水平；规模效率是技术效率的边界产出量与最优规模下产出量的比值。这些数值越接近于 1，表示企业生产越接近于最优水平。

因此，本研究在该计量模型中以综合技术效率这一指标表示新能源企业生产效率，即将其作为新能源企业生产能力的衡量指标。

Färe 和 Lovell（1978）指出，在规模报酬可变这一假定条件下，投入导向型和产出导向型两种方法计算出的效率值会有差异。本研究所关注的是要素投入新能源及其产品生产的效率以及不同时期效率的变化情况，因此，采用多阶段投入导向型 DEA 模型。

二、数据描述与方法说明

本研究选取 2007—2015 年新能源上市公司的数据进行分析，因为 2006 年财政部发布的《企业会计准则第 16 号——政府补助》正式规定，从 2007 年开始上市公司将政府补助分为与资产相关的政府补助和与收益相关的政府补助，并在研报附注中披露政府补助的类型与金额，本研究实证将考虑生产补贴①投入，因此，选择这一样本期。新能源上市公司的确定是根据 Wind 资讯和同花顺概念股，笔者手工查阅逐年年报和公司新闻，通过其主营业务和产品进行识别，并核定每家公司成为新能源上市公司的时间节点。其中部分

---

①　由于数据的可获得性，这里的生产补贴数据是指新能源上市公司所接受的政府所有资金补贴。

新能源企业在其上市之前就已经涉猎新能源领域,因此,数据也采用其上市之后的数据;还有部分新能源上市公司在其上市一段时间之后才真正涉及新能源业务,因此,本研究也只采用其进入之后的数据。与此同时,为避免异常值的影响,我们剔除相关指标中数据为 0 或者有缺失的企业,从而得到2007—2015 年的新能源上市公司数量分别为 23、36、43、58、74、83、88、96、111 家,这些企业能够拥有较为准确和全面的财务信息。

从宏观来看,我国新能源产业结构略有失衡,并有明显的区域差异。一方面,我国新能源上下游产业结构出现失衡,这种失衡不仅表现在高低端技术产品生产比例上的失调(罗来军、朱善利、邹宗宪,2015),也同时出现在新能源上下游行业之间的结构失衡。非发电新能源上市公司以制造业为主,主要制造新能源发电及电力使用设备相关产品,因此,我们可以将属于非发电行业的新能源上市公司归为上游行业,而发电行业归为下游行业。由图 6.1可以看出,主要表现为非发电企业的新能源数目一直多于发电企业,且这一差距呈现扩大趋势。另一方面,我国的新能源企业分布出现明显区域差异,自 2007 年以来新能源企业主要集中于东部地区,中部和西部地区的新能源企业较少,且这一差异随着时间推演越发显著(见图 6.2)。进一步而言,东部地区的非发电企业数量占比一直保持在 70% 左右,略高于中西部地区。

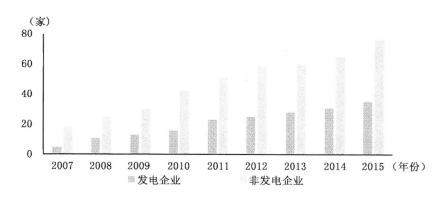

图 6.1　发电与非发电新能源企业数

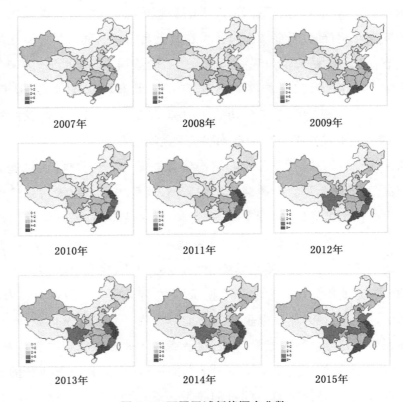

图 6.2　不同区域新能源企业数

　　根据新能源产业发展中的结构和区域特征,本研究试图从以下三个视角测度新能源产业效率:

　　(1)运用 DEA 模型对 2007—2015 年新能源上市公司生产效率进行总体分析,以每年全部新能源上市公司效率的均值作为中国新能源上市公司总体效率值,分析中国新能源上市公司总体效率变化状况;

　　(2)将新能源上市公司分为发电企业和非发电企业两种类型,将两种类型上市公司组中各个公司效率的年度均值作为各类型上市公司的年度效率值,就 2008—2015 年间不同类型上市公司的效率演化趋势进行比较分析:

　　(3)对不同区域新能源上市公司的效率而言,根据地域将全国 31 个省份

（除港、澳、台）划分为东、中、西三个地区①,将各区域上市公司组中各个公司的年度均值作为各地区上市公司的年度效率值,就 2010—2015 年间不同地区的上市公司效率演化趋势进行比较分析。② 实证结果均由软件 DEAP2.1 计算得出。

就投入要素而言,本研究基于资本、劳动和政府三个方面,在借鉴现有文献(李心丹等,2003;李春顶,2009;辛玉红和李星星,2013;Sueyoshi 和 Goto,2014;石旻、张大永、邹沛江等,2016)的基础上,结合本研究的理论逻辑和数据的可获得性,分别选取公司总资产、公司年末员工人数作为投入指标。公司总资产是指企业拥有或者控制的具备经济效益输出能力的资产总额,这是企业获得收入和偿还债务的基础;员工是企业创造价值的重要源泉,其人数也反映了企业规模的水平。

对于产出指标,本研究选取营业总收入这一指标。目前相关研究中的产出指标主要采用营业收入(施卫东和金鑫,2011;辛玉红和李星星,2013;石旻、张大永、邹沛江等,2016)、每股收益(杨博文、张天等,2012)和净利润(杨博文、张天等,2012;李延芳和刘亚铮,2012)中的一个或者相关组合。营业收入可以直接反映企业的销售规模和核心竞争力情况;每股收益是指每一阶段净利润与股票总数的比例,它是衡量企业获利能力的一个综合指标;净利润是反映企业绩效最为直观的指标。然而,每股收益和净利润会受到费用、市场波动等诸多因素的影响,因而有可能出现负值,这将会影响 DEA 模型的准确性。因此,我们认为只选择营业总收入这一能够反映企业潜力的指标更为合适。以上指标数据全部来自 Wind 资讯,数据的描述性统计如表 6.1 所示。

---

① 国家统计局,2015 年农民工监测调查报告附注,http://www.stats.gov.cn/tjsj/zxfb/201604/t20160428_1349713.html;东部包括北京、天津、河北、辽宁、上海、江苏、浙江、福建、山东、广东、海南 11 个省(市);中部包括山西、吉林、黑龙江、安徽、江西、河南、湖北、湖南 8 省;西部包括内蒙古、广西、重庆、四川、贵州、云南、西藏、陕西、甘肃、青海、宁夏、新疆 12 个省(自治区、市)。

② 关于样本期,本研究根据所使用的样本量应该大于或者至少等于投入种类和产出种类数量之和的两倍这一实践经验进行筛选,最后得出上述三个视角的不同研究阶段。

表 6.1　　　　　　　　　　　　　　　描述性统计

变量	单位	样本量	均值	标准差	最小值	最大值
营业总收入	亿元	612	116.728	533.532	1.301	6 613.739
年末总资产	亿元	612	149.864	411.360	3.740	5 116.307
员工总数	百人	612	63.877	198.635	0.460	1 960.260

三、新能源上市公司生产效率的测度与释义

本部分通过 Pooled-DEA 方法对 2007—2015 年新能源上市公司的相关数据进行测算,这样能够保证效率在时间维度上的比较。具体来看,本研究将从新能源上市公司综合技术效率的总体情况、行业差异以及区域差异进行比较和分析。

(一)中国新能源上市公司生产效率的总体分析

由表 6.2 和图 6.3 可知,综合技术效率(TE)与纯技术效率(PTE)的变化趋势在样本期内呈现下降态势,而规模效率(SE)在样本期内呈弱显性波动,一般维持在 0.599—0.734。2007—2015 年,综合技术效率的平均值为 22.6%,也就是平均来看,若新能源上市公司等比例减少 77.4% 的投入仍能获得相同的产出。

表 6.2　　　　　中国新能源上市公司平均效率(2007—2015 年)

年份	综合技术效率(TE)	纯技术效率(PTE)	规模效率(SE)
2007	0.262	0.484	0.624
2008	0.253	0.447	0.642
2009	0.235	0.448	0.599
2010	0.248	0.399	0.668
2011	0.244	0.359	0.713
2012	0.206	0.316	0.682
2013	0.203	0.305	0.705

年份	综合技术效率(TE)	纯技术效率(PTE)	规模效率(SE)
2014	0.194	0.290	0.710
2015	0.185	0.271	0.734

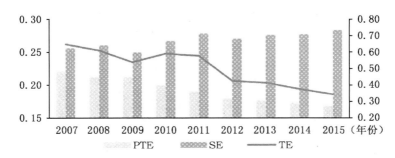

图 6.3　新能源上市公司平均效率情况(2007—2015 年)

（二）不同行业新能源上市公司生产效率分析

由表 6.3 可以看出,发电行业新能源上市公司的平均综合技术效率低于非发电行业,前者为 19.1%,后者为 33.3%。就纯技术效率来看(图 6.4 和图 6.5),发电行业新能源上市公司的平均技术效率(32.0%)也低于非发电行业(52.4%)。当然,发电行业新能源上市公司的平均规模效率(66.5%)就高于非发电行业(66.4%)。

表 6.3　　　　　　不同类型新能源上市公司平均效率(2008—2015 年)

年份	发电行业			非发电行业		
	综合技术效率(TE)	纯技术效率(PTE)	规模效率(SE)	综合技术效率(TE)	纯技术效率(PTE)	规模效率(SE)
2008	0.180	0.345	0.637	0.400	0.668	0.641
2009	0.168	0.356	0.558	0.368	0.647	0.620
2010	0.200	0.371	0.632	0.376	0.587	0.656
2011	0.247	0.376	0.685	0.340	0.515	0.677
2012	0.205	0.318	0.697	0.287	0.450	0.646
2013	0.205	0.303	0.720	0.292	0.446	0.670

续表

年份	发电行业			非发电行业		
	综合技术效率（TE）	纯技术效率（PTE）	规模效率（SE）	综合技术效率（TE）	纯技术效率（PTE）	规模效率（SE）
2014	0.171	0.247	0.714	0.302	0.452	0.682
2015	0.151	0.246	0.681	0.299	0.426	0.720

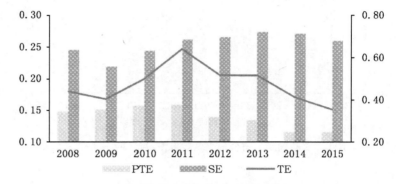

图 6.4　发电行业效率（2008—2015 年）

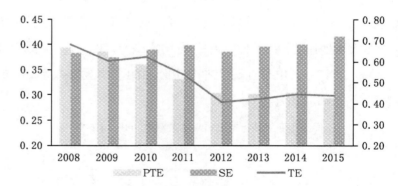

图 6.5　非发电行业效率（2008—2015 年）

（三）不同区域新能源上市公司的生产效率分析

从综合技术效率来看（见表 6.4），西部最高，中部次之，东部最低。综合技术效率的差别主要是源于纯技术效率的差别，东、中、西三个区域的规模效率并未呈现明显的差别，均为 70% 左右。

表 6.4　　　　不同区域新能源上市公司技术效率比较（2010—2015 年）

年　份		2010	2011	2012	2013	2014	2015
东部	综合技术效率（TE）	0.266	0.268	0.226	0.248	0.251	0.207
	纯技术效率（PTE）	0.464	0.497	0.472	0.411	0.370	0.338
	规模效率（SE）	0.637	0.622	0.566	0.646	0.715	0.652
中部	综合技术效率（TE）	0.356	0.433	0.547	0.513	0.429	0.407
	纯技术效率（PTE）	0.824	0.779	0.869	0.735	0.657	0.589
	规模效率（SE）	0.470	0.565	0.649	0.704	0.665	0.699
西部	综合技术效率（TE）	0.666	0.552	0.564	0.572	0.492	0.442
	纯技术效率（PTE）	0.897	0.832	0.866	0.841	0.751	0.700
	规模效率（SE）	0.762	0.691	0.670	0.676	0.695	0.669

由上述分析可知，无论是发电行业、非发电行业，无论是东部、中部还是西部地区，我国新能源企业生产效率普遍较低。

第三节　我国新能源上市公司生产效率的影响因素分析

在开放经济条件下，生产补贴是否促进了新能源上市公司生产效率的改善？本研究将在 DEA 一阶段模型的基础上考察中国新能源上市公司生产效率的影响因素，重点分析生产补贴对新能源上市公司生产效率的影响。同时，我们进一步研究生产补贴对不同行业和不同地区的新能源上市公司生产效率的影响是否具有差异性。

一、指标选取和数据说明

本研究采用第一阶段 DEA 模型所得的综合技术效率作为被解释变量，

从生产补贴占比、盈利能力、股权结构、偿债能力、成长能力、员工素质结构、企业规模和是否为出口企业 8 个方面出发,选取 8 个具有代表性的解释变量和控制变量对新能源上市公司综合技术效率的影响因素进行分析,重点考察生产补贴对新能源上市公司综合技术效率的影响,各变量的具体含义见表 6.5。以上指标数据均来自 Wind 资讯。

表 6.5　　　　　　　　　新能源上市公司综合效益影响因素变量说明

变量类型	变量	变量符号	含义
被解释变量	综合技术效率	Te	第一阶段 DEA 模型得到的综合技术效率值
解释变量	生产补贴占比	$Subsidy$	(政府补助＋税收返还)/营业收入
控制变量	盈利能力	Roe	净资产收益率
	股权结构	Crs	第一大股东持股比例
	偿债能力	Lev	资产负债率
	成长能力	$Growth$	营业收入增长率
	员工素质结构	Edu	大专及以上学历人员比例
	企业规模	$Size$	公司总资产的自然对数
	是否为出口企业	$Export$	1:企业有产品出口,0:企业无海外收入
	政府补贴与出口交叉项	Sub_export	政府补贴自然对数与出口企业的交叉项

二、计量模型构建

由于选取新能源上市公司综合技术效率作为被解释变量,这一数值介于 0 和 1 之间,数据具有截断性,若采用最小二乘法回归模型,会带来严重的偏误和不一致,因此本研究使用 Tobit 模型。同时考虑到样本数据取自 2007—2015 年,具备面板数据的特征,因此构建如下回归模型:

$$te_{it}^* = \alpha_i + \alpha_1 subsidy_{it} + \alpha_2 roe_{it} + \alpha_3 crs_{it} + \alpha_4 lev_{it} + \alpha_5 growth_{it}$$
$$+ \alpha_6 edu_{it} + \alpha_7 size_{it} + \alpha_8 export_{it} + \alpha_9 sub\_export_{it} + \varepsilon_{it} \qquad (6.6)$$

$$te_{it} = \begin{cases} te_{it}^*, if \ te_{it}^* \geqslant 0 \\ 0, if \ else \end{cases}$$

其中，α_i 表示个体效应，te_{it} 表示新能源上市企业综合技术效率，$subsidy_{it}$ 代表新能源上市企业的政府补贴占比，roe_{it} 表示新能源上市企业盈利能力，crs_{it} 表示新能源上市企业股权结构，lev_{it} 表示新能源上市企业偿债能力，$growth_{it}$ 表示新能源上市企业成长能力，edu_{it} 表示新能源上市企业员工学历结构，$size_{it}$ 表示新能源上市企业公司规模，$export_{it}$ 表示新能源上市企业是否为出口企业，sub_export_{it} 表示政府补贴自然对数与出口企业的交叉项，ε_{it} 为扰动项。解释变量描述性统计结果见表 6.6。

表 6.6　　　　　新能源上市公司综合效益影响因素变量描述性统计

变量	平均值	标准差	最小值	最大值	中位数
生产补贴占比	0.011	0.017	2.01e−05	0.153	0.006
净资产收益率	0.055	0.272	−3.982	0.578	0.070
第一大股东持股比例	0.358	0.166	0.036	0.841	0.340
资产负债率	0.537	0.206	0.040	1.201	0.571
营业收入增长率	0.200	0.438	−0.791	4.337	0.126
员工素质结构	0.526	0.236	0.000	1.000	0.476
企业规模	22.41	1.233	20.080	26.960	22.270
出口企业	0.728	0.445	0.000	1.000	1.000
政府补贴与出口交叉项	12.480	7.378	0.000	21.810	15.940

三、实证结果分析

本研究采用 Stata12 软件对 Tobit 模型（式 6.6）进行回归，结果如表 6.7 所示。

首先，就新能源上市公司的总体情况来看，在 1% 的显著性水平下，生产补贴占营业收入比重每增加 1%，在其他条件不变的情况下，我国新能源非出口上市公司的生产效率就降低 0.893%。而出口企业的系数为 −0.163，生产补贴与出口的交叉性系数为 0.012，且在 5% 的水平下显著，这就说明，在出口的情况下,生产补贴对新能源出口上市公司的抑制作用会减弱。除了政府生产补贴之外,净资产收益率(0.028)、营业收入增长率(0.032)和员工素质结构(0.050)对新能源上市公司的综合技术效率作用显著为正;企业规模(−0.044)、出口企业(−0.163)对新能源上市公司的综合技术效率则显著为负;而第一大股东持股比例、资产负债率对新能源上市公司综合技术效率的作用效果并不显著。

表 6.7　　　　　　　　　　　　　　**Tobit 回归结果**

变量	系数估计值	标准误	Z 值	P 值
生产补贴占比	−0.893 01***	0.221 415	−4.03	0.000
净资产收益率	0.027 532**	0.011 102	2.48	0.013
第一大股东持股比例	−0.060 24	0.042 228	−1.43	0.154
资产负债率	0.019 609	0.030 517	0.64	0.521
营业收入增长率	0.031 643***	0.006 555	4.83	0.000
员工素质结构	0.049 6***	0.019 045	2.6	0.009
企业规模	−0.043 52***	0.006 639	−6.55	0.000
出口企业	−0.162 95**	0.071 869	−2.27	0.023
生产补贴 * 出口	0.011 926***	0.003 982	2.99	0.003
截距项	1.140 834***	0.144 423	7.9	0.000

注:***、**、*分别表示在 1%、5%和 10%显著水平上显著。

其次,从不同行业的 Tobit 回归结果来看,生产补贴和出口这两大因素对新能源发电上市公司的综合技术效率影响并不显著,但是对非发电行业的影响效果比较显著。在 1%的显著性水平下,生产补贴占营业收入比重每上升 1%,新能源非出口非发电上市公司的综合技术效率将下降 1.371%。虽然由于出口的竞争效应,生产补贴对我国新能源出口非发电上市公司综合技术效率的抑制作用稍有缓解,但未能改变负向影响的趋势。除此之外,净资产收益率、营业收入增长率、员工素质结构和企业规模对我国新能源非发电上市公司的影响较为明显。而我国新能源发电上市公司的综合技术效率主要是受第一大股东持股比例、营业收入增长率和企业规模等因素的影响(见

表 6.8)。

表 6.8　　　　　　　　　　　　　**分行业 Tobit 回归结果**

变量	发电企业	非发电企业
生产补贴占比	−1.382 (1.190)	−1.371*** (0.244)
净资产收益率	0.026 7 (0.051 0)	0.038 4*** (0.012 3)
第一大股东持股比例	−0.140* (0.076 9)	0.006 99 (0.062 1)
资产负债率	−0.048 0 (0.074 6)	0.048 5 (0.037 9)
营业收入增长率	0.084 4*** (0.019 2)	0.038 3*** (0.007 62)
员工素质结构	0.017 4 (0.044 0)	0.077 9*** (0.023 6)
企业规模	−0.040 7*** (0.013 5)	−0.050 8*** (0.009 22)
出口企业	−0.220 (0.161)	−0.250** (0.102)
生产补贴与出口交叉项	0.015 1 (0.009 53)	0.017*** (0.005 09)
截距项	1.149*** (0.284)	1.366*** (0.212)

注：***、**、*分别表示在 1%、5%和 10%显著水平上显著。

最后，从不同地区来看，无论是东部、中部和西部地区，政府生产补贴对新能源上市公司的综合技术效率均起抑制作用。在 5%的显著性水平下，生产补贴在营业收入比重每上升 1%，新能源非出口上市公司的综合技术效率将分别降低 0.688%、4.194%和 5.069%。而分地区来看，生产补贴对新能源出口上市公司的综合技术效率的影响在总体上并不显著，仅有东部地区的生产补贴和出口企业的交叉项系数为 0.011(在 5%的水平下显著)。就其他影响因素来看，东、中、西三个地区的差异性比较明显。影响东部地区新能源上市公司的综合技术效率的主要因素有受净资产收益率、第一大股东持股比例、营业收入增长率、员工素质结构、公司规模等；而中部地区新能源上市公司的综合技术效率则主要受到公司规模等因素的影响；西部地区新能源上市公司的综合技术效率主要受到第一大股东持股比例、资产负债率和营业收入增长率等因素的影响(见表 6.9)。

表 6.9 分地区 Tobit 回归结果

变量	东部	中部	西部
生产补贴占比	−0.688*** (0.257)	−4.194** (1.743)	−5.069** (2.186)
净资产收益率	0.049 5*** (0.016 2)	−0.008 57 (0.038 5)	0.031 1 (0.076 5)
第一大股东持股比例	−0.127** (0.054 6)	0.363 (0.244)	0.371** (0.166)
资产负债率	0.034 7 (0.040 4)	0.011 8 (0.140)	−0.246* (0.133)
营业收入增长率	0.031 9*** (0.008 32)	0.039 9 (0.034 4)	0.128*** (0.031 7)
员工素质结构	0.060 3** (0.028 3)	0.123 (0.092 0)	0.036 9 (0.052 3)
企业规模	−0.040 7*** (0.008 93)	−0.072 2** (0.032 1)	−0.018 4 (0.026 2)
出口企业	−0.148 (0.092 7)	−0.558 (0.362)	−0.015 5 (0.352)
生产补贴与出口交叉项	0.011 4** (0.005 28)	0.022 6 (0.019 2)	0.020 6 (0.019 8)
截距项	1.078*** (0.191)	2.046*** (0.736)	0.591 (0.627)

注：***、**、*分别表示在 1%、5%和 10%显著水平上显著。

综上分析，本研究认为生产补贴对我国新能源上市公司的综合技术效率主要起抑制作用，对于新能源非出口上市公司的抑制作用大于新能源出口上市公司，可能是国际竞争效应会对上市公司的技术提升有一定的正向作用，在一定程度上抵消了部分负向影响。但是，从东、中、西分地区来看，生产补贴主要是对新能源非出口上市公司的抑制作用较为明显。从分行业来看，生产补贴对新能源非发电上市公司的负向作用较为显著，而对新能源发电上市公司的作用并不显著。

四、主要结论和说明

本章的目的在于考察政府扶持对我国新能源生产力的作用机制以及实证检验。其中,将政府关于新能源生产领域的扶持总结为生产补贴,将新能源生产力定义为新能源企业进行新能源产品生产的能力。不妨以新能源企业的生产效率来衡量新能源生产力。本章首先对生产补贴如何作用于新能源企业生产能力进行了分析,其次采用 DEA-Tobit 模型测算了新能源上市公司的生产效率,并分析了其影响因素,得出以下结论:

第一,在对生产补贴与新能源企业生产能力之间的逻辑关系进行分析时发现,生产补贴主要通过扩大规模和提升生产效率两条路径来影响新能源产品数量的扩张。在开放经济条件下,前者可能引发低端产能扩张效应,而后者可能带来新能源产品质量的提升效应。

第二,在对新能源上市公司进行 DEA 效率测算时,发现我国新能源上市公司的总体生产效率较低且呈现下降的趋势;分行业来看,发电行业新能源上市公司的平均生产效率低于非发电行业;就不同区域的新能源上市公司平均生产效率而言,西部最高,中部次之,东部最低。

第三,采用 Tobit 模型对 DEA 测算中综合技术效率的影响因素进行分析时发现,生产补贴对新能源上市公司的综合技术效率总体上起抑制作用,净资产收益率、营业收入增长率和员工素质结构对新能源上市公司的综合技术效率作用显著为正。生产补贴对新能源非出口上市公司的反向作用要大于新能源出口上市公司。从分行业来看,生产补贴对新能源非发电上市公司的负向作用较为显著,而对新能源发电上市公司的作用并不显著。

第七章　新能源消费力的理论与实证研究

我国当前新能源产业发展不景气的一个重要原因是新能源产品消费力不足，以致对新能源产品技术创新和生产扩散的反作用力不强，这在一定程度上阻碍了新能源产业发展。为了提升新能源产品的消费力，政府采取了诸多措施，主要归纳为价格补贴和配套基础设施建设这两大类。本章首先构建了新能源产品消费力模型，以考察价格补贴和加大配套基础设施建设对新能源产品消费力的影响；进一步运用动态模拟和演化分析对模型结论进行了精确化的论证；接着，利用小波变换方法对美国 2000—2015 年新能源汽车的相关数据进行了实证检验。

第一节　新能源产品消费力的理论模型

本研究将新能源消费力具体界定为消费者购买新能源产品进行消费的能力，即新能源产品消费能力，这是新能源发展的目的和最终要求。根据马克思生产决定消费,消费也会反作用于生产的理论逻辑,我国新能源发展陷入低迷的重要原因与消费力不足有关,也就是新能源产品消费作为发展新能源的目的和最终环节对于新能源产品技术创新和生产的反作用力不强,所以,不解决新能源产品消费力不足的问题,新能源产业将难以可持续发展。

一、基本假设

新消费者理论认为,在满足相同需要的产品之间,消费者总是通过比较不同产品之间的物理、化学等客观特征以进行选择,并且这一结果是稳定的。虽然新能源产品与传统能源产品在生产上具有不同的技术范式,但在一定程度上都能够满足消费者的相同需要,这符合新消费理论的假设前提。因此,在新消费理论模型(Kelvin J. Lancaster,1966)基础上,本研究通过分析消费者在传统能源产品与新能源产品之间的选择,构建了一个新能源产品消费力模型,且该模型中以新能源产品的消费量来衡量消费力的大小。[①]

(1)假设仅存在两种能源产品 $i(i=1,2)$,分别为新能源产品 1 和传统能源产品 2,两者在使用中存在强替代关系,因此,对于新能源产品与传统能源产品的选择可以通过比较两者之间的客观特性,且这一结果具有稳定性。

(2)假设将新能源产品和传统能源产品的差异性特征抽象为三大方面:环保程度、便捷程度和销售价格。假设 $a_{ik}(t)$ 表示 t 时刻 1 单位能源产品 i 的特征 $k(k=1,2)$ 的量,其中,$k=1$ 表示环保程度,$k=2$ 表示便捷程度。对新能源产品而言,由于技术进步迅速,其特征会发生显著变化,而传统能源产品的特征相对固定,可令 a_{2k} 为常数。假设所有消费者的偏好是相同的,$\bar{z}_k$ 表示单个消费者从除新能源产品和传统能源产品之外的其他产品中所获得的特征 k 的量,假定其固定不变,进一步可假设常数 $z_{k0}^*(z_{k0}^*>\bar{z}_k,k=1,2)$ 表示消费者对特征 k 的最低需求值。消费者从所有消费品中获得的特征 k 的

---

① 消费力的衡量是根据生产力的衡量逻辑。生产力是指生产物质资料的能力,用一定时间内生产劳动产品的数量来衡量。因此,我们可以用一定时期内新能源产品的消费量来衡量新能源产品消费力的大小。

量不低于其最低需求量,即 $a_{1k}x_1 + a_{2k}x_2 + \bar{z}_k \geqslant z_{k0}^*$,进一步变形可得 $a_{1k}x_1 + a_{2k}x_2 \geqslant z_k^*$,其中 $z_k^* = z_{k0}^* - \bar{z}_k > 0$。

(3)假定:

①$a_{12}(0)/a_{22} < a_{11}(0)/a_{21}$,即初始时刻($t=0$)新能源产品在环保程度上具有相对优势,而传统能源产品在便捷程度上具有相对优势。

②$z_1^*/a_{21} > z_2^*/a_{22}$,即在仅消费传统能源产品的条件下,为满足一定环保程度的最低消费量应大于为满足一定便捷程度的最低消费量。

③$z_2^*/a_{12}(t) > z_1^*/a_{11}(t)$,即任意时刻在仅消费新能源产品的条件下,为满足一定便捷程度的最低消费量应大于为满足一定环保程度的最低消费量。

④$p_i(t)$($i=1,2$)为 t 时刻能源产品 i 的价格,其中传统能源产品的价格为常数,且满足 $p_1(0) > p_2$。[①]

(4)假设便捷程度 a_{12} 会受到新能源产品技术水平的影响,随着技术水平的提高,新能源产品的便捷程度也会随之提高,并且 $a_{12}(t)$ 与技术水平 $T(t)$ 之间存在如下线性关系:

$$a_{12}(t) = a_{12}(0) + \beta(T(t) - T_0) \tag{7.1}$$

其中,$\beta(>0)$ 为常数,$T(0) = T_0$。同时,我们假定,产品的单位价值量随着技术水平的提高而降低,且供需始终平衡,那么新能源产品的市场价格也随之降低,此时,新能源产品的技术水平与其市场价格呈现反比关系:$p(t) = c/T(t)$,其中常数 $c = p(0)T_0$。

(5)对于新能源产品技术水平 T,其动态演变遵循如下的 Logistic 方程:

---

① 一般来看,初始时刻新能源产品在环境保护方面具有比较优势,而传统能源产品在便捷程度和销售价格方面具有比较优势。新能源产品不仅能够在一定程度上替代不可再生能源,而且可以减少碳和相关有害气体的排放,而传统能源的燃烧和使用是环境污染和资源耗竭的主要原因,因此,新能源产品在环境保护方面具有优势。然而,传统能源产品的配套设施已经相当成熟,而新能源产品则处于起步阶段,因此,新能源产品的相关配套设施远逊于传统能源产品,这就直接影响新能源产品在使用上的便捷性。比如,对于新能源汽车,其后续的耗费主要是电能,那么这就需要更多的充电桩建设,而充电桩的数量远远低于加油站。

$$\begin{cases} \dfrac{\mathrm{d}T}{\mathrm{d}t}=r_0 T\left(1-\dfrac{T}{T_m}\right) \\ T(0)=T_0 \end{cases} \tag{7.2}$$

其中，T_m 为新能源产品技术水平所能达到的最高水平。如图 7.1 所示，该初始值问题的解为：

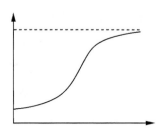

图 7.1　$T(t)$ 走势图

设定 $a_{12}^{\sup}/a_{22} < p_1^{\inf}/p_2$，其中，$a_{12}^{\sup}=\sup\limits_{0\leqslant t<\infty}a_{12}(t)=\lim\limits_{t\to\infty}a_{12}(t)$，$p_1^{\inf}=\inf\limits_{0\leqslant t<\infty}p_1(t)$ $=\lim\limits_{t\to\infty}p_1(t)$，由此可得 $a_{12}(t)/a_{22}<p_1(t)/p_2$ 对于任意 $t\geqslant0$ 成立。

二、模型框架

消费者在比较新能源产品与传统能源产品时，往往通过比较这两种能源产品的主要特性进行抉择。假定理性消费者以支出最小化为目标，综合考虑两种能源产品的环保程度和便捷程度，从而选择新能源产品和传统能源产品的组合。那么，新能源产品消费者支出最小化问题（EMP）可表述为：

$$\begin{aligned} &\min\ p_1x_1+p_2x_2 \\ &s.t. \\ &a_{11}x_1+a_{21}x_2\geqslant z_1^* \\ &a_{12}x_1+a_{22}x_2\geqslant z_2^* \end{aligned} \tag{7.3}$$

该问题存在以下三种情形的最优解：

情形一：当 $p_1/p_2 > a_{11}/a_{21}$ 时，上述模型的最优解为 $(x_1^*, x_2^*)=$

$(0,z_1^*/a_{21})$，也就是当新能源产品的价格过高且与传统能源的相对价格满足 $p_1/p_2>a_{11}/a_{21}$ 时，消费者不会选择消费新能源产品，此时新能源产品的消费量为 0。

情形二：当 $a_{12}/a_{22}<p_1/p_2<a_{11}/a_{21}$ 时，上述模型的最优解为 $(x_1^*,x_2^*)=((a_{22}z_1^*-a_{21}z_2^*)/(a_{11}a_{22}-a_{12}a_{21}),(a_{11}z_2^*-a_{12}z_1^*)/(a_{11}a_{22}-a_{12}a_{21}))$。即，如果新能源产品价格能够降低到一定程度，其与传统能源产品的相对价格满足条件 $a_{12}/a_{22}<p_1/p_2<a_{11}/a_{21}$ 时，消费者会既选择新能源产品，也同时选择传统能源产品，从而得到消费者的最优消费组合。

情形三：当 $0<p_1/p_2<a_{12}/a_{22}$ 时，上述模型的最优解为 $(x_1^*,x_2^*)=(z_2^*/a_{12},0)$，也就是说，当新能源产品的价格非常低，且与传统能源产品的相对价格满足 $0<p_1/p_2<a_{12}/a_{22}$ 这一条件时，消费者会只选择新能源产品。

需要说明的是，我们通过假设 3 保证了内点解存在的可能性。同时，在假设 4 的前提下，本研究可以排除掉情形三，并且这一假定符合现实逻辑。一方面，在短时期内，新能源产品技术可能不会实现持续性的突破以使得其价格能够低于传统能源产品；另一方面，虽然节能技术已经越来越普及，但是在可预见的未来，仍无法完全替代传统能源产品。因此，本研究暂且不考虑情形三。

三、模型的拓展分析：引入价格补贴和加大配套基础设施建设

对于新能源产业的初期发展而言，由于新能源产品的生产需要一定时间，因而新产品供给的变化率不能超过某一上限，即需满足 $\dot{x}_1\leqslant\varepsilon$，因此，我们在 EMP 问题中增加 $\dot{x}_1\leqslant\varepsilon$ 这一约束条件。此外，考虑引入价格补贴和配套基础设施建设，我们还需要增加两点假设：

（1）假设政府对新能源产品实施价格补贴为 s，那么，新能源产品的价格则为 p_1-s；

（2）加大新能源产品相关配套基础设施建设必然会带来其便捷程度的提高，这就表现为特征量 a_{12} 的变化，可以将其表示为：$a'_{12}(t)=\lambda[a_{12}(0)+\beta(T(t)-T_0)]$，其中，$\lambda(>1)$ 表示加大配套基础设施建设所带来便捷程度 a_{12} 的改善因子。

当新能源产品的便利程度提高时，a_{12} 变为 $a'_{12}(a'_{12}>a_{12})$。此时，上述 EMP 问题及最优解则如表 7.1 所示：

表 7.1　引入新能源产品价格补贴和加大配套基础设施建设条件下的 EMP 问题分析

	价格补贴	加大配套基础设施建设
EMP 问题	$\min\ (p_1-s)x_1+p_2x_2$ $s.t.$ $a_{11}x_1+a_{21}x_2\geqslant z_1^*$ $a_{12}x_1+a_{22}x_2\geqslant z_2^*$ $\dot{x}_1\leqslant\varepsilon$	$\min\ p_1x_1+p_2x_2$ $s.t.$ $a_{11}x_1+a_{21}x_2\geqslant z_1^*$ $a'_{12}x_1+a_{22}x_2\geqslant z_2^*$ $\dot{x}_1\leqslant\varepsilon$
情形 1： $\dfrac{p_1}{p_2}>\dfrac{a_{11}}{a_{21}}$	当价格补贴 s 满足 $p_1-\dfrac{a_{11}}{a_{21}}p_2<s<p_1-\dfrac{a_{12}}{a_{22}}p_2$ 时，最优解沿着直线 $a_{11}x_1+a_{21}x_2=z_1^*$ 向右下方移动，最终到达路径 $\left(\dfrac{a_{22}z_1^*-a_{21}z_2^*}{a_{11}a_{22}-a_{12}(t)a_{21}},\right.$ $\left.\dfrac{a_{11}z_2^*-a_{12}(t)z_1^*}{a_{11}a_{22}-a_{12}(t)a_{21}}\right)$ 上。	最优解为 $\left(0,\dfrac{z_1^*}{a_{21}}\right)$
情形 2： $\dfrac{a_{12}}{a_{22}}<\dfrac{p_1}{p_2}<\dfrac{a_{11}}{a_{21}}$	即使取消补贴 s，最优路径仍为 $\left(\dfrac{a_{22}z_1^*-a_{21}z_2^*}{a_{11}a_{22}-a_{12}(t)a_{21}},\dfrac{a_{11}z_2^*-a_{12}(t)z_1^*}{a_{11}a_{22}-a_{12}(t)a_{21}}\right)$。	最优解沿着直线 $a_{11}x_1+a_{21}x_2=z_1^*$ 向右下方移动，最终到达路径 $\left(\dfrac{a_{22}z_1^*-a_{21}z_2^*}{a_{11}a_{22}-a'_{12}(t)a_{21}},\right.$ $\left.\dfrac{a_{11}z_2^*-a'_{12}(t)z_1^*}{a_{11}a_{22}-a_{12}(t)a'_{21}}\right)$ 上。

由表 7.1 的结果，我们可以得到以下两个结论：

第一，在新能源产品相对价格较高时，采用适当的价格补贴可以使得新能源产品消费量上升；但随着新能源产品相对价格下降到一定程度时，新能源产品的价格补贴不会对新能源产品消费量产生影响。

在初始阶段，$p_1/p_2>a_{11}/a_{21}$，若给予消费者适当的价格补贴 s，且满足 $p_1-a_{11}p_2/a_{21}<s<p_1-a_{12}p_2/a_{22}$ 时，最优解将沿着直线 $a_{11}x_1+a_{21}x_2=z_1^*$ 向右下方移动，最终到达路径 $\left(\dfrac{a_{22}z_1^*-a_{21}z_2^*}{a_{11}a_{22}-a_{12}(t)a_{21}},\dfrac{a_{11}z_2^*-a_{12}(t)z_1^*}{a_{11}a_{22}-a_{12}(t)a_{21}}\right)$。在这一过程中，新能源产品消费量上升，而传统能源产品消费量下降；随着新能源产品相对价格下降，当 $a_{12}/a_{22}<p_1/p_2<a_{11}/a_{21}$ 时，无论是否给予价格补贴，新能源产品的消费量皆可以沿着路径 $\left(\dfrac{a_{22}z_1^*-a_{21}z_2^*}{a_{11}a_{22}-a_{12}(t)a_{21}},\dfrac{a_{11}z_2^*-a_{12}(t)z_1^*}{a_{11}a_{22}-a_{12}(t)a_{21}}\right)$ 而变化。

第二，在新能源产品相对价格较高时，加大配套基础设施建设并不能改善新能源产品消费量；但是在新能源产品相对价格降到一定程度时，加大配套基础设施建设会提升新能源产品消费量。

在初始阶段，当 $p_1/p_2>a_{11}/a_{21}$ 时，EMP 问题的最优解仍为 $(0, z_1^*/a_{21})$，a_{12} 提高并不会使新能源产品的消费量增加；当 $a_{12}'/a_{22}<p_1/p_2<a_{11}/a_{21}$ 时，最优解沿着直线 $a_{11}x_1+a_{21}x_2=z_1^*$ 向右下方移动，最终到达路径 $\left(\dfrac{a_{22}z_1^*-a_{21}z_2^*}{a_{11}a_{22}-a_{12}'(t)a_{21}},\dfrac{a_{11}z_2^*-a_{12}'(t)z_1^*}{a_{11}a_{22}-a_{12}'(t)a_{21}}\right)$ 上，在这一过程中，新能源产品消费量上升，而传统能源产品消费量下降。加大配套基础设施建设会使新能源产品便捷程度提高（$a_{12}'>a_{12}$），所以得到 $\dfrac{a_{22}z_1^*-a_{21}z_2^*}{a_{11}a_{22}-a_{12}'(t)a_{21}}>\dfrac{a_{22}z_1^*-a_{21}z_2^*}{a_{11}a_{22}-a_{12}(t)a_{21}}$，即此时新能源产品消费量会得到提升。

第二节　模拟检验与演化分析

由上述模型可知，价格补贴和加大配套基础设施建设对新能源产品消费力会产生不同的影响。新能源产品发展才刚刚起步，与传统能源产品相比，无论是在价格和便捷程度上都处于劣势地位，但其承担着资源环境的保护角色，又作为未来新技术和新经济的发展方向，在可预见的未来会形成传统能源产品的一种有效替代，这是现实所趋。那么，在传统能源占有绝对主导地位的前提条件下，价格补贴和加大配套基础设施建设将会如何影响新能源产品消费量的演化？对于新能源产品不断替代传统能源产品的演化过程，本研究运用 matlab 仿真模拟了价格和便捷程度劣于、环保程度优于传统能源产品的情况下，新能源产品消费量的变化过程，从而对比和评价价格补贴和加大配套基础设施建设两种政府举措的效果。

根据前文分析，传统能源产品较新能源产品而言，虽然产业发展较为成熟，占有较大的市场份额，然而，新能源产品技术进步迅速，发展潜力巨大，会对传统能源产品的市场地位形成潜在的挑战。就环保程度和便捷程度方面的特征而言，本研究假定单位新能源产品的环保程度和初始便利程度分别为 $a_{11}=20$ 和 $a_{12}(0)=2$，单位传统能源产品的环保程度和便利程度分别为 $a_{21}=9$ 和 $a_{22}=10$，消费者对新能源产品和传统能源产品环保程度和便利程度的需求分别为 $z_1=1$ 和 $z_2=1$。单位新能源产品的初始价格为 $p_1(0)=9.5$，而单位传统能源产品的价格为 $p_2=1$。由此可见，仅仅从消费新能源产品上满足特征需求，所支付的费用必然更高。对于新能源产品技术，初始技术水平为 $T_0=1$，最高技术水平为 $T_m=4.5$，技术进步率为 $r_0=1$，其对便利程度的影响参数 $\beta=5$。与新能源产品相配套的基础设施建设使便利程度提高了 2.5%，即 $\lambda=1.025$。假设新能源产品的最高增长速率 $\varepsilon=0.02$。本研究基于 matlab 数值仿真计算了 0—15 时期的数据，得到图 7.2—7.5 所示的产品消费演化结果。

一、无价格补贴、无配套基础设施建设情况下的演化分析

在新能源产品既无价格补贴，亦无更多基础设施配套的情况下，尽管新

能源产品技术已经存在,但由于价格劣势,消费者在很长一段时间并不会购买新能源产品。随着时间的推移,新能源产品技术不断进步、价格逐步下降,在 t_1 时刻($t_1=4.2$)下降至 2/9。此后新能源产品价格继续下降,导致用部分新能源产品替代传统能源产品能以更低的支出满足消费者的特定需求。然而,消费者并不能立刻增加他们对新能源产品的消费量,因为任何商品的生产都需要一定的劳动时间,产量无法突变,这导致消费者的约束集只能缓慢变化。因此,t_1 时刻之后,新能源产品的消费量逐步上升,市场份额不断扩大[见图 7.2(a)和(c)];相应地,传统能源的消费量逐步下降,市场份额不断萎缩[见图 7.2(b)和(d)]。从 t_2 时刻($t_2=6.12$),产量约束不起作用,最优消费束由产品特征约束所决定。因为新能源产品技术进步使得便利程度提升,弥补新能源产品在这一消费特征上的相对劣势,所以消费者继续用新能源产品去替代传统能源产品,前者的消费量继续增加,市场份额不断扩大,而后者的消费量逐步下降。

随着新能源产品技术趋于成熟,便利程度进一步改进的空间受限,在没有重大技术突破的前提下($T_m=4.5$,保持不变),最终不会出现其完全替代传统能源产品的情况,两种产品的消费量和市场份额趋于定值(见图 7.2)。

二、仅有价格补贴、无配套基础设施建设情况下的演化分析

在价格补贴的情况下,新能源产品的消费量会迅速增加,但是不会改变其最终的消费路径和稳态值。根据前文分析,新能源产品在价格上处于劣势地位,只有在价格降低到一定程度时,消费者才会选择新能源产品进行消费。价格补贴的作用正是在于降低了消费者购买新能源产品时所需支付的货币,弥补了新能源产品的价格劣势,使消费者在产品技术水平未提高到一定程度之前就能进行消费。在 t_3 时刻($t_3=1$)实施价格补贴政策,当补贴足够多的情况下,消费者可用部分新能源产品替代传统能源产品,能以更低的支出满足其

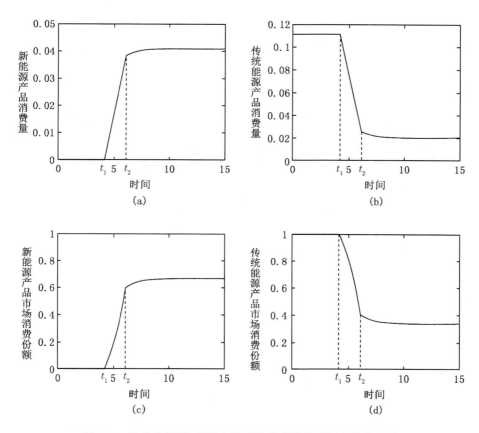

图 7.2 无价格补贴、无配套基础设施建设情况下的演化比较

特定需求。同样,新能源产品消费量逐步上升,并于 t_4 时刻($t_4 = 1.428\ 0$)进入新的增长路径,变化率逐步下降(见图 7.2(a))。在演化过程中,新能源产品的技术进步不断提升,价格也在不断下降,继续保持新能源产品的消费量并不需要更多的价格补贴,在 t_4 时刻甚至可以将价格补贴下降至 0。此时,即使取消价格补贴,新能源产品的消费量会不断增长,从而占领更大的市场份额。但取消价格补贴政策之后的新能源产品消费增长路径与价格补贴政策从未实施情况下的消费增长路径重合(见图 7.3(a)和图 7.3(c)),新能源产品消费量的稳态值最终并不会发生变化。

由此可见,新能源产品价格补贴的作用在于促进消费者提前购买新能源

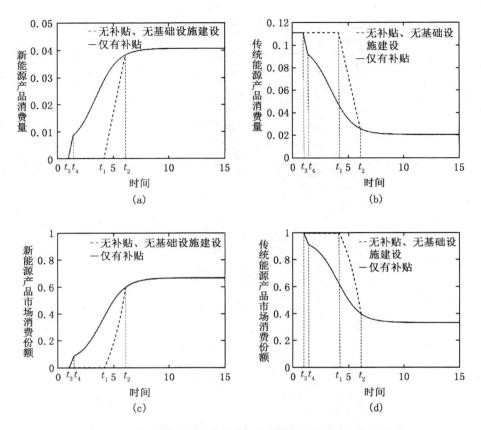

图 7.3   仅有价格补贴、无配套基础设施建设情况下的演化比较

产品,待其技术水平增长到一定程度后,政策效应完全消失,并不会永久性地增加新能源产品的消费力,因此,价格补贴政策的效果是短期的。

三、无价格补贴、仅有配套基础设施建设下的演化分析

在加大配套基础设施建设的情况下,新能源产品的消费量虽不会迅速出现变化;但是,一旦价格降低到门槛值,配套基础设施建设就可以打破原有新能源产品消费量的"惯性"路径,使其稳态值出现跳跃式的上升。与无任何政府举措情况下的消费量和市场份额增长路径相似,新能源产品的消费量和市

场份额在 t_1 时刻开始上升,但是我们发现在 t_5 时刻($t_5=6.566$)新能源消费量进入新的增长路径,呈现级差性的跃迁,最终趋于稳态值[见图 7.4(a)]。与价格补贴政策下的情况相比,虽然新能源产品消费量和市场份额进入新增长路径的时间推迟了,但其最终的消费量和市场份额(稳态值)呈现明显的提升(见图 7.4(a)和(c)),得到永久性的增加;反之,传统能源最终的消费量和市场份额(稳态值)呈现永久性的下降(见图 7.4(b)和(d))。

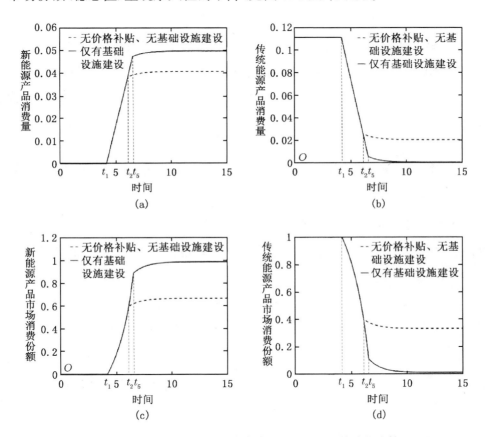

图 7.4　无价格补贴、仅有配套基础设施建设下的演化比较

同理,在技术水平相同的条件下,配套基础设施建设提高了新能源产品的便利程度,解决了消费者的"后顾之忧",在新能源产业演化过程中,消费者会逐渐使用更多的新能源产品去替代传统能源产品。与价格补贴政策的实

施效果不同,虽然配套基础设施建设不会使消费者提前购买新能源产品,但其作用效果更具长期性。

四、价格补贴和配套基础设施建设共同作用下的演化分析

由上述分析得知,价格补贴和加大配套基础设施建设对新能源产品消费演化的影响存在一定的差别。价格补贴政策降低了购买新能源产品的"门槛",改善了新能源产品的价格劣势,政策效果较为迅速和显著,但这并不能改变新能源产品消费量的最终路径,主要表现为一种短期效应;而加大配套基础设施建设提高了消费者对新能源产品的使用预期,也降低了消费者的预期成本,直接改变了新能源产品的最终消费量,使得新能源产品消费量实现了跳跃式的上升。

如果在新能源产品价格较高(t_3时期)时进行价格补贴,在其产品价格降低到一定程度后(t_2时期后)取消补贴并加大配套基础设施建设,则新能源产品消费量、传统能源产品消费量、新能源产品市场份额和传统能源产品市场份额分别沿着图 7.5(a)(b)(c)和(d)中的实线进行演化。即,新能源产品的消费力在整个过程中都得到了提升。

就整个新能源产业的发展来看,政府扶持应该结合价格补贴和加大配套基础设施建设两大举措,而非仅取其一。资源环境保护已经刻不容缓,在无价格补贴和仅有价格补贴的情况下,新能源产品消费量最终在市场中所占份额的稳态值一致,但后者在经济发展过程中表现为较多地使用新能源产品,这就起到了保护资源环境的作用,也能够在一定程度上形成稳定的消费市场,促进新能源企业能够尽早实现自生力。

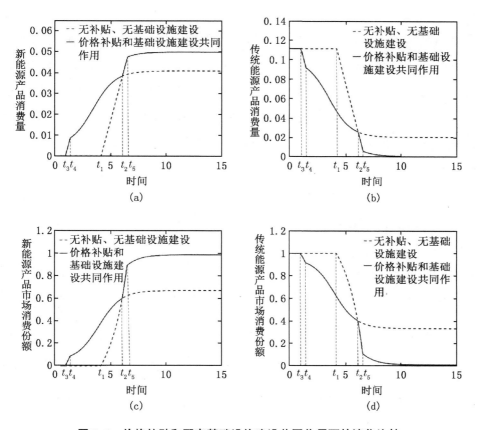

图 7.5　价格补贴和配套基础设施建设共同作用下的演化比较

第三节　美国新能源汽车消费的实证分析

由于美国新能源汽车市场起步较早,相关数据较为全面,本节选取美国新能源汽车相关数据进行实证分析,目的在于检验上述理论模型和动态模拟的结论,为了实现这样的目标,至少需要考虑传统能源汽车、价格补贴、配套设施建设(充电桩)与新能源汽车消费力之间的关系。因此,首先利用连续小波变换(continuous wavelet transform,CWT)揭示美国车用汽油价格和新能源市场份额两个时间序列在时间—频率空间中的相关性。其次,利用极大重叠离散小波变换(maximal overlap discrete wavelet transform,MODWT)将两个序列根据时间尺度(对应于频率)的长短分解成不同层次,并在此基础上探讨两者在不同时间尺度上的关系。最后,利用分解得到的小波平滑向量分别分析美国新能源汽车税收减免、补贴政策和基础设施建设对新能源汽车市场份额的影响。

一、计量模型构建

(一)连续小波变换

小波是一类快速衰减的振荡函数。从数学上来说,对于小波函数 $\psi(t)$,其必须属于 Hilbert 空间,即 $\int_{-\infty}^{\infty}|\psi(t)|^2\mathrm{d}t<\infty$。此外,它还必须满足一个特定的技术条件,快速衰减且具有振荡特性意味着它具有零均值:$\int_{-\infty}^{\infty}\psi(t)dt<\infty$。对于给定的连续时间序列 $f(t)$,其连续小波变换为:

$$W_x(\tau,s)=\int_{-\infty}^{\infty}f(t)\frac{1}{\sqrt{s}}\bar{\psi}(\frac{t-\tau}{s})\mathrm{d}t \qquad (7.4)$$

其中,尺度或伸缩因子 s 控制小波的宽度,平移参数 τ 控制小波的位置。$\bar{\psi}$ 为函数 ψ 的复共轭。

当 $\psi(t)$ 为复值函数时,小波变换 $W_x(\tau,s)$ 亦为复值函数。在此情形下,小波变换可以被分为实部 $\mathscr{R}(W_x)$ 和虚部 $\mathrm{I}(W_x)$,或者分为振幅 $|W_x(\tau,s)|$ 和相位 $\varphi_x(\tau,s)$:$W_x(\tau,s)=|W_x(\tau,s)|e^{i\varphi_x(\tau,s)}$。

当我们研究单个变量或一组变量的振荡行为时,使用复值函数几乎是具有强制性的,因为相位包含了在周期中变量所处位置的重要信息。特别地,对于两个时间序列,可以计算各个时间序列的小波变换的相位和相位差,以获得关于两个时间序列振荡过程中的领先和滞后特征等信息。

关于小波在时间（Δt）和频率（$\Delta \omega$）中的定位问题，海森堡不确定性原理指出，时间和频率定位之间存在权衡取舍关系。由于 Morlet 小波在时间和频率定位上提供了较好的平衡，该小波函数成为实践中使用最广泛的复小波。Morlet 小波被定义为：

$$\psi_0(t) = \pi^{-1/4} e^{i\omega_0 t} e^{-\frac{1}{2}t^2} \tag{7.5}$$

其中 ω_0 为定位参数。严格来说，$\psi_0(t)$ 并不是一个真正的小波，但是当 ω_0 充分大（$\omega_0 > 5$）时，出于实践目的，$\psi_0(t)$ 可以被视为小波，通常选择 $\omega_0 = 6$。

与连续时间序列 $f(t)$ 的连续小波变换相似，离散时间序列 x_n（$n=1$, $\cdots$, N）的连续小波变换被定义为 x_n 和伸缩、平移后的 $\psi_0(t)$ 的卷积：

$$W_n^X(s) = \sqrt{\frac{\delta t}{s}} \sum_{n'=1}^{N} x_{n'} \overline{\psi}_0 \left[(n-n') \frac{\delta t}{s} \right] \tag{7.6}$$

在实践中，在傅立叶空间进行卷积将是更加快捷的。我们将小波功率谱（wavelet power spectrum）定义为 $|W_n^X(s)|$，它给出了时间序列在时间—尺度（频率）空间中的方差分布。复值函数 $W_n^X(s)$ 的辐角被解释为相位。

两个时间序列 x_n 和 y_n 的交叉小波变换（cross wavelet transform, XWT）被定义为：

$$W^{XY} = W^X \overline{W}^Y \tag{7.7}$$

其中 W^X 和 W^Y 分别为 x_n 和 y_n 的连续小波变换。进一步定义交叉功率为 $|W^{XY}|$，其刻画了两个时间序列在时间—频率空间中的局部协方差。

另一个很有用的度量是在时间—频率空间中交叉小波变换的相干程度。根据 Torrence 和 Webster(1998)年的定义，两个时间序列的小波相干性为：

$$R_n^2(s) = \frac{|S(s^{-1} W_n^{XY}(s))|^2}{S(s^{-1} |W_n^X(s)|^2) \cdot S(s^{-1} |W_n^Y(s)|^2)} \tag{7.8}$$

其中 S 为平滑算子，小波相干性的统计显著性水平通过 Monte Carlo 模拟得到。

（二）离散小波变换

考察长度为 $N = 2^{J_0}$ 的离散信号：$x = (x_0, x_1, \cdots, x_{N-1})$，离散小波变换

(discrete wavelet transform,DWT)被定义为一对正交镜像滤波器(quadrature mirror filters):高通小波滤波器$\{h_l\}_{l=0,\cdots,L-1}$和相应的低通小波滤波器$\{g_l\}_{l=0,\cdots,L-1}$,其中偶数L为滤波器的带宽。两者满足正交镜像关系:$g_l=(-1)^{l+1}h_{L-1-l}$。

小波滤波器$\{h_l\}$满足如下的基本性质:

$$\sum_{l=0}^{L-1}h_l=0;\sum_{l=0}^{L-1}h_l^2=1;\sum_{l=0}^{L-1}h_lh_{l+2n}=0(n\text{ 为任意非零整数})\quad(7.9)$$

即小波滤波器的和为零,具有单位能量,且正交于其偶平移。

当$N=2^{J_0}$时,可以进行J_0阶段的小波分解。对于分解层次$1,2,\cdots,J_0$来说,传统的小波和尺度系数(分别记为W_{jt}和V_{jt})的个数分别为$N/2$,$N/4,\cdots,1$。相比之下,极大重叠离散小波变换不能通过这种半数关系进行压缩采样(离散信号的长度N不是2的整数次幂),其各个分解层次的小波和尺度系数(分别记为$\widetilde{W}_{jt}$和$\widetilde{V}_{jt}$)个数均为N。

离散小波变换和极大重叠离散小波变换的小波和尺度系数均通过所谓的金字塔算法(pyramid algorithm)计算得到。离散小波变换第$j(j=1,2,\cdots,J_0)$分解层次的第$t(t=0,\cdots,N_j-1,N_j=N/2^j)$对的系数为

$$W_{jt}=\sum_{l=0}^{L-1}h_lV_{j-1,[2t+1-l]\bmod N_{j-1}}=0,V_{jt}=\sum_{l=0}^{L-1}g_lV_{j-1,[2t+1-l]\bmod N_{j-1}}=0$$

$$(7.10)$$

其中$V_{0t}=x_t(t=0,\cdots,N-1)$。

极大重叠离散小波变换第$j(j=1,2,\cdots,J_0)$分解层次的第$t(t=0,\cdots,N-1)$对的系数为

$$\widetilde{W}_{jt}=\sum_{l=0}^{L-1}\widetilde{h}_l\widetilde{V}_{j-1,[t-2^{j-1}l]\bmod N}=0,\widetilde{V}_{jt}=\sum_{l=0}^{L-1}\widetilde{g}_l\widetilde{V}_{j-1,[t-2^{j-1}l]\bmod N}=0\ (7.11)$$

其中$\widetilde{V}_{0t}=x_t(t=0,\cdots,N-1),\widetilde{h}_l=h_l/\sqrt{2},\widetilde{g}_l=g_l/\sqrt{2}$。

方便起见,本研究采用如下的矩阵记法:

首先,在分解层次$J\leqslant J_0$上,离散小波变换的系数可以写成向量形式:

$$\mathbf{W}=\begin{bmatrix}\mathbf{W}_1\\\mathbf{W}_2\\\vdots\\\mathbf{W}_J\\\mathbf{V}_J\end{bmatrix}_{N\times 1} \tag{7.12}$$

其中$\mathbf{W}_j(j=1,2,\cdots,J)$和$\mathbf{V}_J$是长度为$N_j(j=1,2,\cdots,J)$的列向量。小波和尺度系数向量通过如下的正交变换得到：

$$\mathbf{W}=W\mathbf{x} \tag{7.13}$$

其中，方阵W可以写成如下分块形式：

$$W=\begin{bmatrix}W_1\\W_2\\\vdots\\W_J\\V_J\end{bmatrix}_{N\times N} \tag{7.14}$$

且$\mathbf{W}_j=W_j\mathbf{x}(j=1,2,\cdots,J)$，$\mathbf{V}_J=V_J\mathbf{x}$。通过小波逆变换，原始信号按照如下形式恢复：

$$\mathbf{x}=W^T\mathbf{W}=\sum_{j=1}^{J}W_j^T\mathbf{W}_j+V_J\mathbf{V}_J=\sum_{j=1}^{J}D_i+S_J \tag{7.15}$$

N维列向量$D_j(j=1,2,\cdots,J)$和S_J被称为细节（details）和第J层次的平滑（smooth）。式（7.15）即为多分辨分析（multiresolution analysis，MRA）的定义。

对于极大重叠离散小波变换，长度为N的小波和尺度系数向量$\widetilde{\mathbf{W}}_j(j=1,2,\cdots,J)$和$\tilde{\mathbf{V}}_J$通过如下变换获得：

$$\tag{7.16}$$

其中$\widetilde{W}_j$和$\tilde{V}$均为N阶方阵。通过小波逆变换，原始信号按照如下方程恢复：

$$\mathbf{x}=\widetilde{W}^T\widetilde{\mathbf{W}}=\sum_{i=1}^{J}\widetilde{W}_j^T\widetilde{\mathbf{W}}_j+\tilde{V}_J\tilde{\mathbf{V}}_J=\sum_{j=1}^{J}\widetilde{D}_j+\widetilde{S}_J \tag{7.17}$$

二、实证分析与结果

本部分选取美国汽车产业相关数据，利用前文所介绍的小波分析等方法进行实证分析。所用数据和资料包括 2000 年 1 月—2016 年 9 月的车用汽油价格、汽车销量、混合动力汽车销量、插电式动力汽车销量、充电桩数量以及与新能源汽车相关的一系列政策。其中，车用汽油价格来自 International Energy Agency 网站（www. iea. org），充电桩数量数据来自 Hybridccars 网站（www. hybridcars. com），2000 年 1 月—2011 年 12 月的汽车销量、混合动力汽车销量、插电式动力汽车销量来自 Hybridccars 网站（www. hybridcars. com），2011 年 12 月—2016 年 9 月的数据来自 Wind 数据库。

（一）车用汽油对新能源汽车消费力的影响

新能源汽车与传统能源汽车的相对价格变化是上述理论模型结论的前提。由于车用汽油是汽车的互补品，所以如果汽油价格升高，可以说明传统能源汽车在与新能源汽车竞争的过程中，竞争力下降，那么这可以在一定程度上认为新能源汽车与传统能源汽车相对价格下降。因此，考虑汽油价格和新能源汽车之间的消费量关系对检验理论的正确性尤为重要。

在对车用汽油价格（mgp）和新能源汽车占比（nev）进行小波功率谱和小波相干性分析之前，有必要对这两个时间序列进行 HP 滤波，以除去时间趋势，结果分别如图 7.6 和图 7.7 所示。两个时间序列不论在趋势还是在波动部分都有些相似性，与前文理论分析相符合，即汽油价格上涨会助推新能源汽车占比提高。然而，这有待进一步进行实证检验。

图 7.8 给出了 mgp 波动部分的功率谱和 nev 波动部分的功率谱。其中，等高线（图中闭合形成曲线）表示在 5% 的显著性水平上拒绝原假设：时间序列服从 $AR(1)$ 过程。由于小波不能完全在时间中定位，因此连续小波变换具有边缘伪差（edge artifacts）。不能忽视边缘效应（edge effects），为此

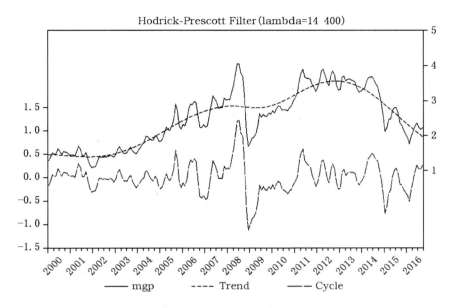

图 7.6　*mgp* 的 HP 滤波

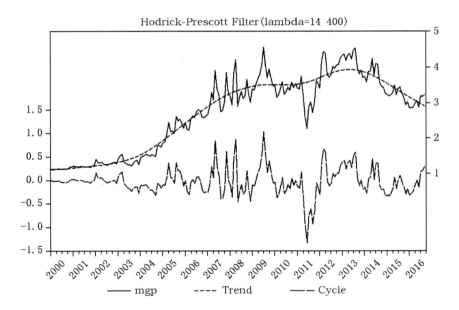

图 7.7　*nev* 的 HP 滤波

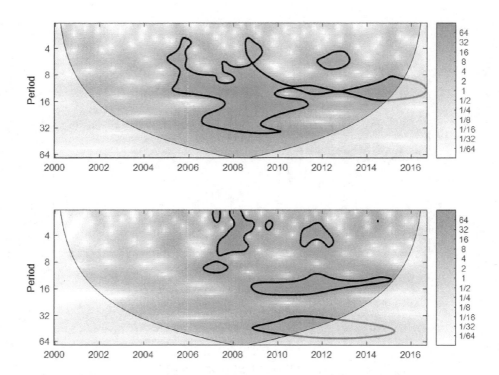

图 7.8　*mgp* 波动部分的功率谱(上)和 *nev* 波动部分的功率谱(下)

我们引入影响锥(cone of influence, COI),浅色阴影部分对应受边缘效应影响的区域。根据功率谱,对于时间序列 *mgp*,高能量的区域位于 2005 年之后,从 2005 年到 2011 年高中低时间尺度上均具有较高的能量分布,2012 年之后能量主要集中于中等时间尺度上。时间序列 *nev* 的能量分布则明显不同,高能量的区域主要位于 2007—2015 年,从 2007 年到 2009 年,低时间尺度上具有较高的能力分布,从 2010 年到 2015 年,中高时间尺度上的能力分布较集中。

　　值得注意的是,小波功率谱并不能很好地揭示两个时间序列在时间和频率上的依存关系,即使两者的能量分布于相同的时间频率区域,也不能说明它们具有联动性。我们需要借助其他工具对它们之间的相干关系进行分析。

　　小波相干性分析及小波相位差分析提供了检测变量之间关系的工具。

小波相干性刻画了两个变量之间相互作用较强的时间和频率区间,可以被理解为在时间—频率空间中两个时间序列之间的局部相关性。小波相干性的统计显著性通过 Monte Carlo 模拟获得。

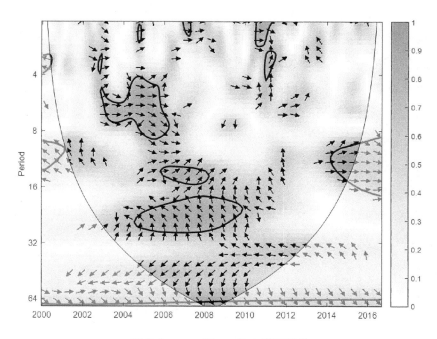

图 7.9　*mgp* 和 *nev* 的小波相干性

由图 7.9 可以看出 *mgp* 波动部分和 *nev* 波动部分的小波相干性和相位差等信息。其中,等高线表示在 5% 的显著性水平上拒绝原假设:时间序列服从 AR(1) 过程。影响锥外面的浅色阴影部分对应于受边缘效应影响的区域。两个时间序列的相位等信息可以用图中的箭头来反映:箭头向右(左)意味着两者是同相位(反相位)的,箭头向下(上)意味着车用汽油价格变动领先(滞后)于新能源汽车占比变动。

图 7.9 表明,车用汽油价格变动和新能源汽车占比变动之间相干性较强的区域位于 2003—2009 年。对于低频率区域,车用汽油价格变动和新能源汽车占比变动是同相位的,且前者领先;对于高频率区域,两者是反相位的,且新能源汽车占比变动在时间上领先。因此,短期车用汽油价格上涨刺激了

新能源汽车占比,这可能是因为车用汽油价格上涨导致继续使用以汽油为动力的汽车成本更高,消费者转而使用新能源汽车作为替代品。中长期新能源汽车取代传统能源汽车,车用汽油的需求量下降,从而其价格下降。

（二）时间尺度分解分析

利用离散小波变换（DWT）将时间序列按照时间尺度进行分解,进而研究它们在各时间尺度上的关系,是时间序列分析中的常用方法。然而,DWT具有两种缺陷:其一,时间序列的长度必须是2的整数次幂;其二,DWT不是平移不变的。为了克服这两大缺陷,本部分采用极大重叠离散小波变换进行实证研究,其不仅具有平移不变性,而且时间序列的长度不必是2的整数次幂。我们采用长度 L＝8 且满足反射边界条件的 Daubechies 最小非对称（LA）小波滤波器。分解层数为 J＝5,根据小波细节系数向量和平滑系数向量,可以构造出 5 个小波细节向量 D1—D5,以及小波平滑向量 S1—S5。

运用极大重叠离散小波变换方法将回归变量分解成不同时间尺度成分后,运用最小二乘法估计如下方程:

$$nev[D_j]_t = \alpha_j + \beta_j mgp[D_j]_t + \varepsilon_{jt}, j=1,2,3 \quad (7.18)$$

$$mgp[D_j]_t = \alpha_j + \beta_j nev[D_j]_t + \varepsilon_{jt}, j=4,5 \quad (7.19)$$

其中 $nev[D_j]_t$ 和 $mgp[D_j]_t(j=1,2,3,4,5)$ 为不同时间尺度下的变量成分。

表 7.2　　　　　　　　时间尺度回归分析（2000.1—2016.9）

被解释变量	nev			mgp	
序列	D1	D2	D3	D4	D5
α_j	0.000 0 (0.000 0)	0.000 0 (0.000 0)	0.000 0 (0.000 0)	0.000 0 (0.000 0)	0.000 0 (0.000 0)
β_j	0.531 5*** (2.822 0)	0.534 4*** (6.171 9)	0.346 5*** (7.765 3)	−0.426 3*** (−3.885 8)	−0.504 8*** (−9.690 6)
R^2	0.038 5	0.160 6	0.232 5	0.070 5	0.320 6

注:括号内为 t 统计量,***、** 和 * 分别表示在 1%、5% 和 10% 的水平下显著。

表 7.2 中的时间尺度回归分析揭示了不同时间尺度下新能源汽车销量占比和车用汽油价格之间的关系。在尺度 D1、D2 和 D3 下,车用汽油价格上

升显著提高了新能源汽车销量占比;在尺度 D4 和 D5 下,新能源汽车销量提高降低了车用汽油价格。因此,从短期来看,车用汽油价格上升导致消费者更多地购买新能源汽车以替代以汽油作为燃料的汽车;从中长期来看,新能源汽车销量相对提高降低了消费者对车用汽油的需求量,从而降低其价格。

为了验证上述实证结果的稳健性,接下去采用非参数回归分析方法对 mgp 与 nev 的关系进行研究。非参数回归模型的方法多种多样,常用方法之一是局部加权多项式回归(locally weighted polynomial regression)。对于两个序列中给定的数据点,仅用该点领域中的观测值去拟合回归模型,而且观测值离给定数据点越远,权重就越小。

图 7.10 报告了不同时间尺度水平上 mgp 与 nev 的散点图,以及用上述方法所做的邻近拟合(nearest neighbor fit),即图中的平滑曲线,局部回归所采用的多项式的阶数为 2 或 3。图 7.10(a)(b)(c)中的平滑曲线分别揭示了解释变量(车用汽油价格,mgp)和被解释变量(混合动力汽车市场份额,nev)在尺度水平 D1—D3 上的关系,而图 7.10(d)(e)分别揭示了解释变量(混合动力汽车市场份额,nev)和被解释变量(车用汽油价格,mgp)在尺度水平 D4—D5 上的关系。非参数回归的结果进一步证实了表 7.2 的结论:短期内车用汽油价格上涨显著助推新能源汽车市场份额的提升,中长期后者显著降低了车用汽油价格。

(三)价格补贴对新能源汽车消费力的影响

根据前文的实证分析,在较低的时间尺度(D1—D3)上,混合动力汽车市场份额受车用汽油价格变动等因素的影响较大,不妨认为小波平滑向量 S3 将这些干扰因素排除在外。在此基础上,本研究进一步分析价格补贴对新能源汽车市场份额的影响。需要说明的是,美国政府为提升新能源汽车消费力主要实施了税收减免和直接价格补贴两种政策,税收减免也可以看作是一种间接的价格补贴,因此,我们也将其考虑在价格补贴之内。

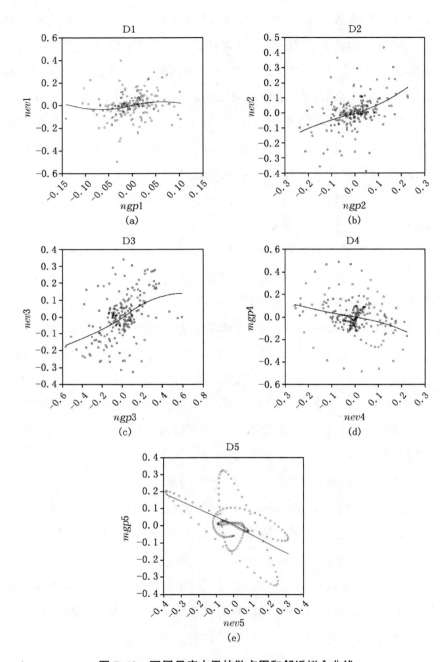

图 7.10 　不同尺度水平的散点图和邻近拟合曲线

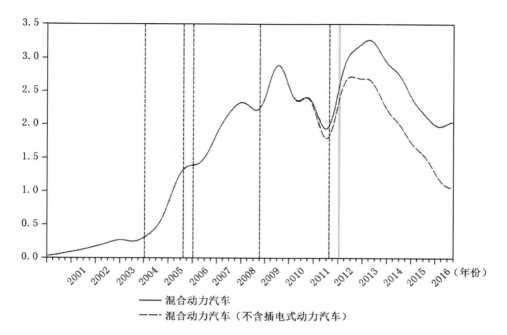

图 7.11　混合动力车市场份额

表 7.3　　　　　　　　　　美国新能源汽车消费的价格补贴政策

时间	政策内容
2004 年 1 月	2004 年工作家庭税务减免法案规定,内部服务局(IRS)将为替代燃料车辆购买提供 2 000 美元的应税收入扣除。这包括混合动力汽车(HEV)。该奖励从 2004 年 1 月 1 日起实施两年,对美国政府的上限费用约为 4 亿美元。
2005 年 8 月	美国参众两院通过了美国能源政策法案,该法案是自 1992 年以来美国首部、全面的能源政策法规,该法案在能源政策方面有明显的改进,其中包括:简化液化天然气终端管理程序、提高电力能源供应稳定性、增加汽油供应后勤的灵活性、授权大幅增加美国国家战略石油储备。该法案还包括制定税收激励政策,提倡提高能源使用效率,呼吁重视使用清洁煤炭、核能、可再生能源和乙醇等。
2006 年 1 月	美国政府实施了一项税收抵免优惠政策,对购买符合环保要求的混合动力汽车按照不同车型给予 2 500—3 400 美元不等的税收抵免,政策实施期间为 2006 年 1 月至 2010 年 12 月。

时间	政策内容
2008 年 10 月	美国政府在《紧急经济稳定法案》中提出,对购买插电式电动汽车的,可根据车体重量享受不同额度的税收抵扣,购买 4.5 吨以下电动汽车的用户可享 7 500 美元的税收抵扣。
2010 年底	美国国税局(IRS)对外正式宣称,美国政府从 2005 年开始启动的混合动力汽车补贴政策将于 2010 年 12 月 31 日结束。
2011 年 8 月	美国政府宣布,购买纯电动汽车和插电式混合动力汽车可享受 7 500 美元的优惠,并将过去申报纳税后获得抵免的方式改为购车时直接减免。
2016 年 1 月	美国政府宣布了一项关于混合动力汽车税款减免的政策,购买燃料电池车、混合动力汽车的用户最多可获得 3 400 美元的税款减免。

资料来源:笔者根据相关网站信息整理而得。

图 7.11 为 2000 年 1 月到 2016 年 9 月美国混合动力汽车和不含插电式动力汽车的混合动力汽车市场份额的趋势值(序列 S3)。其中,竖直的虚线表示新能源汽车税收减免和补贴政策实施的节点,浅色竖直实线表示充电桩建设的时间起点。由于插电式混合动力汽车从 2010 年 12 月开始才有销量,因此,两者的销量在此之前是一致的。

从 2000 年 1 月到 2003 年 12 月,美国混合动力汽车市场份额(趋势值,下同)从 0.034% 上升到 0.294%,上升缓慢。从 2004 年 1 月到 2009 年 7 月,尽管市场份额在某些时段有所下降,但总体来说稳步上升,平均上升速度明显超过 2004 年之前。这得益于该时期良好的经济环境以及政府实施的一系列促进混合动力汽车消费的税收减免等政策,提高了其市场竞争力。2004 年 1 月 1 日起实施的替代燃料车辆购买税收减免政策显著加快了混合动力汽车市场份额的上升,超过 1% 并进一步逼近 1.5%,持续至 2005 年下半年后开始趋于平缓。2005 年 8 月通过的美国能源政策法案鼓励提高新能源使用效率,紧接着从 2006 年 1 月起实施为期 5 年的环保型混合动力汽车税收减免政策。

从 2006 年下半年开始,混合动力汽车市场份额开始了新一轮的快速增长期,一举超过 2.3%,一直持续到 2008 年金融危机前夕。由于金融危机和经济衰退,从 2008 年 2 月起,混合动力汽车市场份额开始小幅下降。为了应对这场金融危机、稳定经济增长,美国国会参议院和众议院于2008年10月通过《紧急经济稳定法案》,该法案提出了对电动汽车的税收抵扣政策,扭转了混合动力汽车市场份额下降的局面,使其企稳回升,甚至超过了2.8%。因为《紧急经济稳定法案》只是作为一个临时、紧急的方案来应对金融危机,未能使美国经济从根本上走出萧条,所以混合动力汽车市场份额从2009年8月开始快速回落至2.5%以下。2010年底,实施了5年之久的混合动力汽车补贴政策宣布取消,进一步加重了混合动力汽车消费市场的颓势,使其市场份额跌至2%以下。受到美国经济复苏和2011年8月实施的税收减免政策的影响,从2011年下半年开始,不包含插电式动力汽车在内的混合动力汽车的市场份额再度迅猛增长,如果考虑到插电式混合动力汽车市场份额的增长,全部混合动力汽车的市场份额于2012年突破3%,并于2013年达到历史最高水平。得益于美国经济复苏的影响,整个传统能源汽车的销量和市场份额开始逐步上升,挤压了混合动力汽车的市场空间,因此2013年后半年,混合动力汽车的市场份额开始逐步下降,其持续时间超过2年。好在2016年1月美国政府宣布了一项关于混合动力汽车税款减免的政策,才得以遏制这一趋势。

综上所述,为了刺激新能源汽车的消费,美国政府实施了一系列税收减免补贴政策。从政策实施效果来看,补贴确实提高了新能源汽车的市场竞争力和市场份额,而且较为迅速和显著。然而,补贴政策效应的暂时性和不可持续性也是很明显的,因为我们看到,补贴政策一旦取消,新能源汽车的市场竞争力和市场份额就开始下跌,比如2010年底实施5年之久的税收减免政策被宣布取消,新能源汽车市场份额就立刻下降至2%以下。

(四)充电桩对新能源汽车消费力的影响

除了税收减免补贴政策外,促进新能源汽车消费还有其他举措,充电桩是极其重要的。从插电式动力汽车市场份额的变动趋势(图7.11中实线与虚线所对应的数值之差)看来,2012年之前保持在较低的水平上,从2012年开始增长迅速。与此同时,充电桩数量的变动也呈现相同的趋势,2011年之前充电桩数量不足 1 000 个,2011 年开始快速增长,当年突破 3 000 个,2012 年接近 14 000 个,2015 年进一步超过 30 000 个。

进一步考察 2010—2015 年插电式动力汽车累积销售量(由各月份销量相加得到)和充电桩数量之间的关系,得到图 7.12 的散点图和拟合曲线。其中,横坐标为充电桩数量的自然对数,纵坐标为插电式动力汽车累积销售量的自然对数。两者具有显著的相关关系,且拟合程度较高($R^2 = 0.983\ 9$)。由此可见,要提高新能源汽车的销量,必须注重基础设施建设。

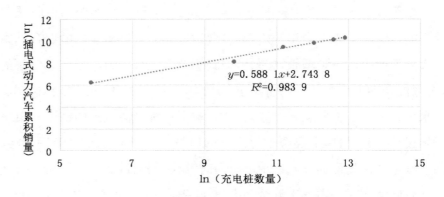

图 7.12　充电桩数量与插电式动力汽车累积销量的关系

三、主要结论

将政府有关新能源消费方面的扶持方式归纳为价格补贴和加大配套基础设施建设,将新能源消费力界定为消费者进行新能源产品消费的能力。本章首先构建了新能源产品消费力模型,以阐释价格补贴和加大配套基础设施建设对新能源产品消费力的影响,其次采用动态数值模拟方法对上述模型进行检验,并对新能源产品消费力的演化过程进行分析,最后选取美国新能源汽车消费的相关数据进行实证检验。研究发现:

第一,在新能源产品相对价格较高时,价格补贴可以提高新能源产品消费量,加大配套基础设施建设对其不会产生影响;当新能源产品相对价格降低到一定程度时,价格补贴对新能源产品消费量不会产生影响,加大配套基础设施建设会使新能源产品的消费量发生一个跳跃式变化。

第二,动态模拟检验进一步告诉我们,价格补贴效果较为迅速和显著,但这并不能改变新能源产品的最终消费量(稳态值),主要表现为一种短期效应;而加大配套基础设施建设提高了消费者对新能源产品的使用预期,可以直接改变新能源产品的最终消费量(稳态值),使得新能源产品的最终消费量实现了跳跃式上升。

第三,从新能源产品消费量的演化过程来看,在新能源产品相对价格较高时进行价格补贴,当其相对价格降低后,加大配套基础设施建设能够使得新能源产品消费量在整个演化过程中都得到提升。

第四,通过对美国新能源汽车 2010—2015 年的相关数据进行实证检验,可得以下结论:

(1)短期内车用汽油价格上涨刺激了新能源汽车占比,中长期新能源汽车取代传统能源汽车,车用汽油的需求量下降,从而其价格下降。

(2)价格补贴确实提高了新能源汽车的市场竞争力和市场份额,而且较为迅速和显著。然而,补贴政策效应的暂时性和不可持续性也是很明显的,因为我们看到,补贴政策一旦取消,新能源汽车的市场竞争力和市场份额就开始下跌。

(3)2010—2015 年插电式动力汽车累积销售量和充电桩数量呈现显著的正相关关系。

第八章 我国新能源力系统的现状分析与政策建议

　　在新能源力系统理论分析中,本研究从系统内部和整体效果两个方面对新能源力系统进行了论述,即从系统视角来看,其为新能源替代力、新能源技术力、新能源生产力和新能源消费力按照一定关系耦合而形成的系统合力;从整体效果来看,新能源力是指发展新能源力系统对可持续经济发展所形成的推动力。新能源力系统的良好运转是发挥其对可持续经济发展作用力的前提条件。在第五章、第六章和第七章,本研究从系统内部的视角具体分析了如何提升新能源力系统分力——新能源技术力、新能源生产力和新能源消费力,并侧重于政府不同扶持方式进行了阐述。但从整体视角来看,我们很难以一个精确的数值衡量新能源力,这是因为一方面难以找到一个合适的指标直接度量或者代表新能源力对可持续经济的作用力;另一方面,由于新能源发展毕竟起步较晚,其还未成为社会发展的主要能源使用形式,难以进行精确的实证检验。但不可否认的是新能源力已经为可持续经济发展带来了一定的经济效益(比如投资和就业)和环境效益[①](比如降低碳排放),并且存在巨大的未来潜力。本章首先对我国新能源力的现状和潜力进行分析,其次指出我国新能源力系统分力的现实问题,最后提出一套分层次的系统性政策建议。

第一节　我国新能源力系统的现状分析

党的十八届三中全会通过的《中共中央关于全面深化改革若干重大问题的决定》(以下简称《决定》)提出我国需要全面深化经济体制改革,推动生态文明建设,这对我国加快能源结构升级,发展新能源提供了巨大的动力。

一、我国新能源力经济效益的现状与潜力分析

总体来看,我国新能源力已经得到了较快的发展。比如,我国新能源装机容量不断上升,由2005年1.2亿千瓦上升到了2014年的4.36亿千瓦,新能源装机容量在全国装机容量中的比重稳步上升,由2005年的23.3%上升至2014年的32.1%(见图8.1)。人们已经在一定程度上具备使用新能源的能力,并且新能源对经济活动已经产生了重要的作用力。张宪昌(2011)通过VAR模型和脉冲响应分析,认为我国新能源消费已经对我国的经济增长起到了积极的作用。[②]

我国新能源发展蕴藏较大的潜力,目前的开发和使用微乎其微。比如,

---

① 尽管在生产新能源产品的环节中可能带来污染(罗来军等,2015),但是刘振亚(2015)认为"从全寿命周期来看,清洁能源开发利用过程产生的污染排放远远低于化石能源"(具体请参考:罗来军,等:"我国新能源战略的重大技术挑战及化解对策",《数量经济技术经济研究》2015年第2期;刘振亚:《全球能源互联网》,中国电力出版社2015年版,第87页)。

② 张宪昌:《中国新能源产业发展政策研究》,中共中央党校博士学位论文2014年,第101页。

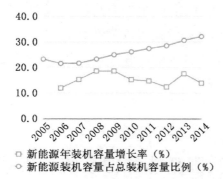

数据来源：中电联电力工业统计资料汇编、中电联全国 2014 年电力工业统计快报以及国家能源网。

图 8.1　我国新能源装机容量概况

以 2012 年为基准，我国水能开采还不足其潜力的一半；陆上风电和海上风电容量仅为 63GW$_e$ 和 0.3GW$_e$，两者的技术潜力远远超出这一数值；无论是电站级还是屋顶级光伏发电，均不到其技术潜力的 1%（见表 8.1）。而且，根据国际可再生能源机构估计，随着技术进步和规模化发展，至 2030 年，陆上风电、电站级光伏以及沼气发电将成为新能源中最为廉价的资源形式。据国际可再生能源机构 2014 年的预估，2030 年我国将成为世界上使用新能源最多的国家，占世界新能源使用总量的比例将达到 20%，除中国之外，巴西、美国、印度、俄罗斯和加拿大也是十分具有潜力的。

　　我国新能源力的经济效益还远远未能发挥，大力开发新能源力的潜能，不断拓展技术、不断完善市场条件，新能源力的经济效益将会得到更好的激发。比如，随着 2015 年全球可再生能源总量出现了超过 1/3 的增长，我国在全球创造了 350 万个相关就业岗位的领先水平，虽然相对 2014 年有了 2% 的小幅下降，亚洲在全球可再生能源岗位的占比从 2013 年的 51% 增长到了 2015 年的 60%。

表 8.1　　　　　　　　　　　我国新能源技术潜力

	2012 年容量（GW_e）	技术潜力（GW_e）
水能	250	400—700
陆上风电（＞50m）	63	1 300—2 600
海上风电（深度 5—25m）	0.3	200
光伏（电站级）	4	2 200
光伏（屋顶）	1.4	500

资料来源：IRENA，2014；《可再生能源前景：中国》。

二、我国新能源力环境效益的现状与潜力分析

新能源力在我国已经发挥了一定的环境效益。比如，2013 年我国风电发电量约为 1 400 亿千瓦·时，实现了 30.8 万吨二氧化硫、28.0 万吨氮氧化物以及 5.3 万吨粉尘的减排。[①] 但总体来看，这种环境效益还未能形成一定的气候，主要表现为在终端能源消费中占比较高的部门中新能源使用量还非常低。首先，就工业部门来看，我国工业在终端能源消费总量中的占比约为 62％，但在其燃料构成中新能源使用的比例最低。其次，就交通运输部门来看，目前石油是该部门的主要能源形式（占比约为 90％），而这一部门燃烧的生物燃料不足 1％。再次，除工业和交通运输部门外，能源消耗最多的部门就是建筑部门，相较工业和交通运输部门，该部门的新能源使用占比略高一些，"除却电力和集中供热消费，新能源使用占比约为 16％"[②]（IRENA，2014）。此外，就电力来看，电力在终端能源消费总量中的占比为 20％，其中有 75％都是来自工业部门的耗费，其他则主要是被用于建筑部分，而电力部门仅有 19％是来源于新能源生产。

由于新能源在我国能耗较大部门的使用占比较低，提高其在这些部门的应用将带来较大的环境效益。在能源消耗较大的这些部门中提高新能源的

①　刘振亚：《全球能源互联网》，中国电力出版社 2015 年版，第 87 页。
②　IRENA：《可再生能源前景：中国》2014 年，第 15—16 页。

使用比例将大幅降低二氧化碳的排放,根据可再生能源技术路线图估计,至2030年,将减少1 692Mt的二氧化碳排放,其中电力和集中供热的减排最为明显,减排达到1 218Mt(见表8.2)。

表 8.2　　　　新能源在各部门能源消费总量中占比及二氧化碳减排情况

	新能源在各部门能源消费总量中的占比情况			二氧化碳减排（Mt/年）			
	2010	REmap 2030	REmap2030（EJ/年）	2010	参考案例2030	REmap 2030	总减排
工业	5%	21%	10.5	2 327	2 746	2 528	217
建筑业	16%	54%	10.5	467	478	298	181
交通运输业	1%	8%	1.5	529	1 199	1 123	76
电力和集中供热	20%	76%	14.6	3 595	5 762	4 544	1 218
总计	13%	26%	22.5	6 917	10 185	8 493	1 692

资料来源:根据 IRENA,2014:《可再生能源前景:中国》相关数据整理而得。

　　总而言之,从环境效益和经济效益两方面综合来看,新能源力对可持续经济发展的推动力已经得到了一定的发展,但其潜力还远远未能被发挥出来。这是因为新能源力系统运转才刚刚起步,从其系统内部来看,新能源替代力、新能源技术力、新能源生产力和新能源消费力四大分力的能力可能还未能得到较好地实现。因此,本节接下来对我国新能源力系统运转的现实问题进行分析,因为只有新能源力系统内部能够协调运转才能够发挥其整体对可持续经济发展的作用力。

三、新能源力系统分力的现状判断

　　我国新能源力系统发展已经取得了一定的成果,但是不难发现,其系统内部还存在一些问题。

　　首先,我国新能源替代力缺乏主动性。尽管我国新能源产量一直在上升,但是我国居民以新能源替代传统能源的主动性并不高。新能源使用量在总能源消耗中的比重不但没有增长,还呈现总体下滑的趋势。如图 8.2 所

示,我国新能源总产量从 1990 年的 211.34Mtoe 上升至 2013 年的
325.42Mtoe,其在总能源使用量中的占比却从 24％降至 13％,也就是说,当
前我国新能源的生产规模增长尚难以匹配总能源消耗的增速。这与部分发
达国家存在巨大的差距,根据世界银行相关数据显示,2014 年冰岛、法国、瑞
典和瑞士可替代能源和核能占能源使用总量的比例分别达到 89.28％、
50.11％、49.97％和 43.54％。由此来看,尽管我国新能源及其相关产品的
生产意识有所提高,但是消费者的主动意识才是根本,其提升是激发新能源
产业革命性前进的催化剂,而这一点在现实经济条件下恰恰未尽如人意。

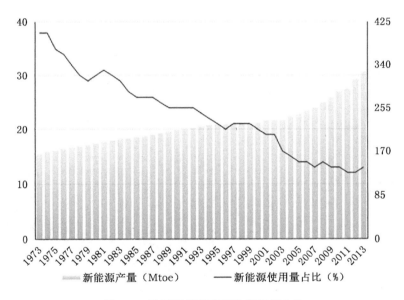

图 8.2　我国新能源产量和使用量占比

其次,新能源技术力缺乏自主性。尽管新能源及其相关产品的专利申请
量较为领先,但关键与核心性的技术创新却较为贫乏。诸如风能技术、生物
能源技术以及太阳能技术的专利文献申请量分别仅占世界总量的 22％、
11％和 13％,其中发明专利仅占 55％[①]。风电产业作为我国当前最成熟的可
再生能源产业,风机的整机设计也主要为进口而非自主设计。以新能源汽车

---

①　刘雪凤、郑友德:"论我国新能源技术专利战略的构建",《中国科技论坛》2011 年第 6 期。

为例,根据 IPC(国际专利分类,International Patent Classification,IPC)分类,我们将新能源汽车相关专利归纳为 B 类、H 类和其他类,类别具体释义见表 8.3。由图 8.3 可以看出,B 类(一般车辆)技术创新是新能源汽车专利的主要组成部分,在历年所有专利中占到 70% 以上,这说明我国新能源汽车相关技术发明与创新集中于机身和底盘等结构性汽车部件;而以 H 类为代表的电池类专利量仅占不到 20%,无可厚非,有关电池类的研发才能成为新能源汽车的核心技术竞争力,日本和美国在该领域的技术研发具有显著的优势[1]。

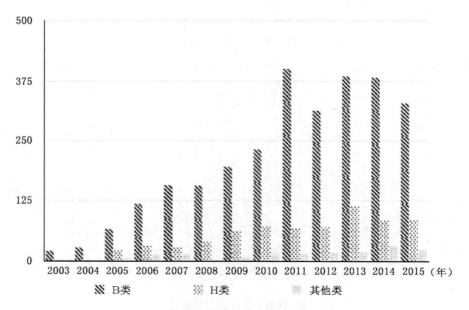

图 8.3   新能源汽车相关专利 IPC 分类趋势[2]

①   沙振江、张蓉、刘桂锋:"国内专利地图研究进展与展望",《情报理论与实践》2014 年第 8 期。
②   本研究以中国国家知识产权局的专利数据库为数据来源。在专利数据库中,对专利的检索有关键词检索和 IPC 检索两种,IPC 分类是国际标准的专利分类号(International Patent Classification)的简称,为避免单一检索方式可能存在的检索不精准情况,我们选取了两种检索方式相结合的方法。在检索时,关键词设定为"新能源汽车 or 燃料电池汽车 or 混合动力汽车 or 纯电动汽车",以题目或摘要中出现上述任意一项关键词的专利为检索标的,时间窗口设定为 2003 年 1 月 1 日至 2015 年 12 月 31 日,在检索的结果中,剔除外资企业、国际研究机构和个人的申请,最终经过总结与统计形成专利分布统计。

表 8.3　　　　　　　　　　　新能源汽车相关专利 IPC 分类含义

类别	子类别	含　义
B 类	B60K	车辆动力装置或传动装置的布置或安装;两个以上不同的原动机的布置或安装;辅助驱动装置;车辆用仪表或仪表板;与车辆动力装置的冷却、进气、排气或燃料供给结合的布置
	B60L	电动车辆动力装置;车辆辅助装备的供电;一般车辆的电力制动系统;车辆的磁悬置或悬浮;电动车辆的监控操作变量;电动车辆的电气安全装置
	B60W	不同类型或不同功能的车辆子系统的联合控制;专门适用于混合动力车辆的控制系统;不与某一特定子系统的控制相关联的道路车辆驾驶控制系统
	B60R	不包含在其他类目中的车辆、车辆配件或车辆部件
	B62D	机动车;挂车
H 类	H01M	用于直接转变化学能为电能的方法或装置,例如电池组
	H02K	电机
	H02J	供电或配电的电路装置或系统;电能存储系统
其他类	F16H	传动装置

资料来源:根据国家知识产权局(http://epub.sipo.gov.cn/)相关内容整理而得。

再次,新能源生产力缺乏高端性。自 2000 年以来,我国新能源及其相关产品出现了膨胀式的增长,表面上看我国新能源生产力得到了迅速的发展。目前我国新能源产品的产量位居世界前列,2015 年光伏组件产量约为43GW,占全球总量(60GW)的 71.7%,连续七年位居全球第一。然而,我国新能源生产力在发展过程中仅出现了数量的膨胀,而乏于质量的提升。我国光伏企业大多集中于产业链中下游的太阳能电池、组件封装等一系列低端产品生产,鲜有能够生产出纯度为 11 个 9 的多晶硅高端产品。[①]（张晖,2013）就太阳能光伏电池出口贸易方式来看(见图 8.4),2013—2015 年加工贸易一直在 40%以上。虽然一般贸易有所上升,但幅度甚小,从 2014 年到 2015 年仅上涨了约 3%,"两头在外"的窘境并未得到"质"上的缓解。更为甚之,我国生产新能源产品的核心和高端生产设备也皆依赖于进口,如此新能源产品结构将易受国际产业分工固化而难以升级,一旦定局恐怕将难以扭转,也会

———————

① 张晖:"中国新能源产业潮涌现象和产能过剩形成研究",《现代产业经济》2013 年第 12 期。

丧失我国新能源产业在国际竞争中的有利地位。

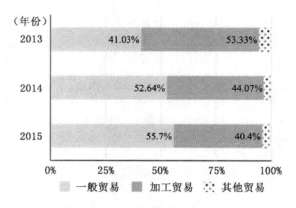

图8.4　太阳能光伏电池出口贸易

　　最后,新能源消费力缺乏内销性。我国新能源力对传统自然力的替代度较低的一个重要原因是新能源相关产品的国内消费力不足。然而,这并非源于产量紧俏,恰恰相反的是,面对如此巨大的产能,市场需求疲软,产能过剩引致光伏产品价格急剧下滑,一度出现"有产量无产值"的现象。2011年初,多晶硅的现货价格为80美元每千克,而至2013年初已经下滑至18美元每千克,组件现货价格也从1.7美元每瓦下降至0.7美元每瓦。在开放经济条件下,海外市场成为我国新能源产品的主要方向。2012年我国80%以上的太阳能电池产品均用于出口,其中70%出口至欧洲。毋庸置疑,对海外市场的过高依赖必然会承担国际市场波动的风险,受2012年国际主要市场"双反"贸易政策的影响,该年我国光伏电池产品出口额为149.7亿美元,出口同比下降42.1%(见表8.4),直至2014年才有所回暖。与此同时,我们可以预见到海外市场存在较高的萎缩风险,诸如欧洲的"限价、限量"约束,美国的"双反"案件以及其丰富的页岩气资源,日本政府的财政补贴急速中断,新兴市场(印度、南非等)随时可能出现的"本土化"保护政策等因素,皆有可能给我国新能源产品出口带来巨大的波动[1]。因此,如何真正提升国内新能源市

---

　　① 中国机电进出口商会太阳能光伏产品分会:"2013年我国太阳能光伏电池进出口分析",《电器工业》2014年第3期。

场消费力避免国际市场波动影响,并及时为新能源力供给环节输入实现的价值以供新能源力系统可持续运转是我们需要考虑的重点问题。

表 8.4　　　　　　　　　2012—2015 年我国光伏电池产品出口数据

年份	出口额(亿美元)	出口占比(%)	出口同比(%)
2012	149.7	64.2	−42.1
2013	122.9	29.7	−17.9
2014	144.1	34.8	17.3
2015	146.8	35.5	1.9

对于上述问题,新能源力系统的理论框架为我们找到了原因,就是其系统内部运转并不协调。新能源力系统的初期运转动力来源于政府扶持,由第五章、第六章和第七章的新能源技术力、新能源生产力、新能源消费力的理论和实证分析可以发现,我国有关这些方面的政府扶持方式也存在一定的缺陷,这就带来了新能源力系统分力的现实问题。比如生产补贴对新能源上市公司的生产效率并未起到促进的作用,反而造成了新能源产业的产能过剩现象,也就是促进了新能源低端生产力的发展,未能促进其高端生产力,而新能源生产力决定了新能源消费力的实现,生产力的低端化发展并不能拉动国内需求,从而我国新能源产品只能依靠低价优势销售海外,就出现了新能源消费力缺乏内销性的问题。我国新能源消费力缺乏内销性,说明消费者在比较新能源与传统能源产品的过程中,往往倾向于选择传统能源产品,这就意味着新能源替代力缺乏主动性,难以实现新能源对传统能源的替代。新能源替代力难以实现就致使消费者的需要、偏好无法反馈给新能源企业的研发,新能源消费力无法实现也同时意味着新能源企业没有剩余价值可以用于新能源技术研发,那么,新能源技术力难以发展。而新能源技术力是新能源力系统的核心,如果新能源技术力难以发展,就不会形成高端的新能源生产力。长此以往,新能源力系统将无法可持续运转。

第二节　政策建议

从整体视角下新能源力的现状与潜力分析可以看出,我国新能源力的经济效益和环境效益具有较大的未来潜力。然而,新能源力系统分力的较好发展是这一潜力得以发挥的重要前提。由上述分析可以看出,我国新能源力系统还处于不平衡发展阶段,表现为替代力缺乏主动性、技术力缺乏核心性、新生产力缺乏高端性和消费力缺乏内销性。由此可见,我国新能源力系统还处于需要政府扶持的阶段,只有恰当的扶持才能提高新能源力系统运转的能力。但这并非"长久之策",脱离政府扶持实现新能源力系统自身的可持续运转才是其未来的发展方向。为此,政府扶持应该遵循"外力内化"的目标,结合本研究的理论分析和实证研究,将这一目标落实到新能源力系统不同环节,可化为以下四个方面:

一、新能源替代力:"化被动使用为主动使用"

就替代力而言,应该"化被动使用为主动使用"。在市场经济中,成本最小利润最大的资本逻辑驱使生产者和消费者都难以主动使用新能源及其相关产品,那么,在市场经济中,是否存在一种力量能够使得市场主体自发产生使用新能源的动力? 答案是肯定的,这就是政府的理念建设,或者称之为非正式制度的力量。也就是说,政府可以通过借助介于市场机制和政府政策之间的一种自觉性力量,引发市场主体自发使用新能源及其相关产品。

首先,政府可以建立一套与新能源经济相适宜的自然观和能源观,从而影响市场主体的价值取向以调整其思维逻辑和行为方式。在市场经济条件下,虽然人们已经认识到了使用新能源及其产品替代传统能源产品的重要性,但是在面对两者产品进行比较和抉择时,往往会忽略前者的资源环境效益,仅仅考虑经济利益,这是一种短视行为,也是一种思维定式。通过直接的资金补贴确实能够在短期内促进新能源及其相关产品生产和消费的迅速增加,而一旦撤销,这种效应也会立马消失。因此,亟须构建一套与新能源经济相适宜的自然观和能源观,改变市场主体逻辑所带来的行为才会是持久的。

其次,构建科学合理的生产观,在市场经济的资本逻辑下,生产总是与利润挂钩,这就导致生产者对于新能源的生产同样出于利润考量,只有树立科学和绿色的生产观才能化企业的"被动生产为主动生产"。在市场经济条件下,企业的目的是追求利益最大化,生产新能源及其相关产品亦是如此,鲜有出于环保或公益的目的。因此,仅仅靠大量的低端生产获取更多的补贴以赚取利润的行为经常发生。技术本是中性的,但在市场经济中,受资本的驱使呈现一定的方向性,只有提升生产者的绿色意识才能够使得生产者化一种被动的获利型生产转变为一种长久的绿色型生产。

再次,树立绿色的消费观。大量研究表明,消费和理念以及习惯有着密切的联系,因此,需要通过适当的理念建设以增加消费者自主消费新能源及其相关产品的信心。注重引导消费者树立新能源消费观,尤其是在传统能源产品与新能源产品的择优选择上。消费者在比较传统能源产品与新能源消费产品的过程中往往会忽略后者的正外部性,仅仅注重价格和便捷程度等经济效益指标,这就使得消费者往往倾向于传统能源产品。那么,政府在对新能源产品的客观条件(价格、配套基础设施等)进行弥补的同时,也应该注重树立消费者的绿色价值观、新能源消费观。尽管这种作用较为缓慢,但是一旦培养成消费者对新能源及其产品的消费习惯将会产生巨大的影响力,且影响更为持久和深远。当然,在消费过程中,消费者也会不断形成对新能源及其相关产品一种新的需要,从而促进新能源技术的更新和创新,促进新能源生产力的品质不断提升,产品消费的绿色化和产品的人性化,这才能够实现新一轮高级化的循环发展。

二、新能源技术力:"化税费返还为研发补贴和知识产权制度的完善"

对新能源技术力而言,应该"化税费返还为研发补贴和知识产权制度的完善"。技术进步是企业生存发展的重要前提与保障,技术力水平的高低决定生产力质量的高低。尽管技术进步可能来自模仿、引进和创新等不同的方式,但是只有自主创新才是真正引领改变新能源技术的进步路径。因此,根据前文分析,对于新能源技术创新力的提升至少应该包括以下几个方面:

第一,为了确保补贴对研发的有效性,在新能源发展初期,政府扶持可以倾斜于新能源企业的研发环节。目前,我国政府的直接补贴大部分落实在新能源最终产品上,这就造成以盈利为目的的企业将资源集中于产品的生产环节,长此以往有可能造成拥有核心技术和过硬品质的产品匮乏甚至造成低端产品的产能过剩现象。政府应当引导新能源企业补贴资金的流向,使其投向技术创新研发项目而非重复性或简单的生产环节,从而避免产能过剩现象。

第二,在新能源技术发展中后期,政府应当注重知识产权制度的完善,从而为新能源企业的技术研发和创新提供一个良好的市场环境和法律保障。必须牢牢把握新能源力的本质和内涵,以提升新能源技术力为目的,为新能源生产力的长期发展夯实基础。尤其在新兴战略产业成长初期,直接的研发补贴有助于其形成创新体系,但是只有新能源企业自身形成创新动力,才能有源源不断地技术创新。在市场经济条件下,这种持续的创新动力来源于对利润的追逐与市场竞争,因此,只有不断完善知识产权保护制度才能有效延伸新能源产业链,形成更加高效和完善的运行机制。

第三,通过国际合作和国际项目渠道,提升我国有关新能源技术方面的基础研究水平,在不断融合和深化的过程中实现我国新能源技术的自主创新。目前,国外新能源技术在研发和产业发展方面都呈现显著的优势,我国在核心技术领域还不能占据一席之地。只有展开与国际高新技术领域的项目合作和科研交流,提升我国的基础研究水平,才能厚积薄发。这种合作一定要避免单纯将国外成熟的生产流程引入国内,而是将技术研发力量引入,开展"产学研"合作,迅速消化和吸收国外先进技术,进一步实现自主再创新。新能源技术是新一轮技术革命的核心,只有在新能源经济中把握住新能源技术的话语权,才能够在新一轮技术革命中占得优势地位,从而促进我国新能源生产力的高端化转变。

三、新能源生产力:"化低端产品数量激增为高端产品创造"

对于提升新能源生产力而言,应当"化低端产品数量激增为高端产品创造"。新能源生产力的目标是实现由低端向高端的转变,如何才能从低端的产能过剩向高端的核心产品迈进,既需要政府的努力,也需要企业的协作,两者相辅相成,相得益彰。基于此,本研究提出以下几个方面的建议以期能够帮助形成高端新能源生产力:

第一,在撤销补贴之前,尽量保证持续而稳定的补贴体系。尽管当前政府制定了丰富的新能源企业补贴政策,但随着新能源发电量的迅速上升,其补贴额出现了大量的缺口。根据相关统计,直至目前这一缺口已达到700多亿元,其中光伏就占200多亿元,补贴的拖欠不仅会导致企业融资困难和多重债务问题,甚至会引发企业资金断流而倒闭。因此,只有长期而稳定的生产端扶持体系,才能引导企业合理投资,以确保新能源产业的在位者和潜在者对企业发展及市场需求有良好的预期,以减少生产者的短期获利行为,从而也能保证其具备足够的规划时间研发和生产高技术、高质量的产品。

第二,调整新能源产业结构,使上、中、下游相关产业均衡发展,与此同时不断完善政策补贴和监督体系,形成"双管齐下"的完善体制。能源作为经济的血脉,涉及范围甚广,其更迭、生产和消费将会涉及整个社会生产方式的变革。根据由工业和信息化部编制的《2015年战略性新兴产业分类目录》,从投入产出关系来看,新能源(太阳能、风能、水能、生物质能、地热能、储能和智能电网等类别)涉及的上游产业包括硅提纯与制造、稀土永磁材料、绝热材料、电力电工材料、风机机械组件制造、高磁感器件、农业作物副产回收物、石油类作物种植、热传感与储能材料、电解化合物、电力电子元器件与芯片制造等;中游产业包括光伏组件生产、风电整机组装与建设、水电机组制造、固液气体生物燃料、生物润滑油、热能输送系统、电池制造与管理系统、输变电设备及控制系统集成、IT及软件等;下游产业包括电站建设、智能电网建设、物联网系统、电力环保、智能社区、新能源汽车、城市智能交通等。各个产业之间的投入产出互动会进一步推动新能源力系统的演化,由于系统的共生性或消散性,新能源力系统也会呈现一定的波动性。因此,对新能源产业结构的调整涉及与之相关的整个新能源产业系统的变迁。这就要求政府完善监督和管制模式以形成协调的新能源产业系统,此外,对现有的投资项目进行评估和测算,撤销效率低下的项目,加强对企业补贴资金用途的监督和管制,避免只重视量产补贴而忽略产品质量,全方位提升新能源产业结构的质量。当然,在不断加强企业技术效率的同时也要注重提升规模效率以推动新能源产业不断扩容增速,这也更加有利于其产业结构的协调发展。

第三,根据东、中、西三大区域不同的地理、经济和人文条件,发挥不同新能源行业的优势进行合理引导。就目前的技术水平来看,新能源发展还依赖于地理条件和人文环境等诸多客观要素,因此,不同种类的新能源在不同地区可能发挥不同的效能,如果能将这种地理差异转化为新能源发展和建设中的地理优势,那对新能源生产力和消费力的提升都将起到事半功倍的效果。诸如西部地区日光充足、风能稳定,政府可以引导实施太阳能或风能发电站、太阳能"未来村"等项目。新疆的风能、水能、太阳能都较为充裕,新疆"十三五"规划将大批建设热电、水电、风电基地,一旦形成能源的网上互通机制将会为人类福祉带来巨大贡献。而东部人口较多,光能和风能都不如西部充沛,更适宜引导新能源汽车、电动车等产品的高端生产,逐步对传统能源汽车进行替代。

第四,注重新能源产品本身高质量的同时,也要考虑新能源产品生产过程和后续处理过程的高质量。虽然本研究的一个目的在于推动生产高质量的新能源产品,形成新能源的高端生产力,主要侧重于新能源核心技术力的提升。然而,新能源产品消费的目的在于资源环境的保护,如果在新能源生产过程和后续处理过程中带来严重的环境污染,也是得不偿失。比如,在太阳能电池的生产过程中,由于将太阳能转化为电能需要半导体硅,在提炼多晶硅的过程中会释放出大量的三氯氢硅和四氯化硅等有毒物质,若企业处理技术水平尚不够,往往难以妥善处理这些有毒物质,从而对环境带来污染;铅酸蓄电池是风电生产所必需的一种物质,然而其生产和处理都会对环境造成污染。因此,提高新能源产品的生产力,不仅仅在于提升其最终结果的生产力,也需要提升其过程的生产质量,这就需要政府在不断补贴新能源最终产品的同时也注意对其所需材料和设备等生产污染和后续处理进行严格的规制。

四、新能源消费力:"化直接的消费补贴为基础设施建设和消费者消费预期培养"

对于提升新能源消费力而言,应当"化直接的消费补贴为基础设施建设和消费者消费预期培养",只有形成较高的新能源消费力,才能发挥其对新能源生产力和技术力的较强反作用力。在第七章中我们对以价格补贴和加大配套基础设施这两大类新能源消费方面的政府扶持政策进行了详细的分析,根据第七章的理论逻辑、动态模拟以及实证检验,我们认为要实现"化直接的消费补贴为基础设施建设和消费者消费预期培养",至少需要做到以下三个方面:

第一,在新能源产品价格降低之前,实施持续性的价格补贴,在其价格降低之后,建立适当的补贴退出机制。只有在新能源产品自身价格降低到一定程度时,才能减少或取消价格补贴,在新能源产品自身价格还未降低时,如果就开始降低新能源产品的价格,可能引起市场的动荡,不利于其消费市场的稳定。当然,我们的目标是"化被动为主动",因此,政府的持续性消费补贴并不是指长期的消费补贴,而是指在新能源产品价格处于高位,而且还未能被消费者完全接受之前所进行的一种补贴行为。一旦新能源产品的价格降低到一定程度,而且消费者开始接受新能源产品,政府顺应退出新能源消费干预,这样才能形成新能源消费市场的自生能力,也可以避免公共资源的浪费。

第二,在新能源产品价格降低到一定程度时,必须加大配套基础设施建设,这样才能形成长久持续的新能源产品消费能力。直接的价格补贴也只能带来消费者短期的购买行为,消费者在每一阶段的决策仍会出于自身经济利益最大化的考虑。因此,若要使得消费者能够对新能源产品形成长期的使用习惯,就需要通过新能源及其相关产品基础设施的建设以提高其被使用的便利程度。然而,直至2009年11月,国内首座电动汽车示范充电站才在上海被验收。虽然截至2016年底,国家电网高速公路快充网络建设成效卓著,现已建成了以"六纵六横二环"高速公路为骨干网架的高速公路快充网络,但是,相对城市新能源的消费而言,还有许多消费条件没有被满足,诸如上海市区内的楼房缺乏安装数十或数百块吸热板的条件,已经成为太阳能热水器占上海厨卫市场份额极低(不足10%)的一个主要原因。所以说,尽管有新能源的消费需求,但是,如果没有完备和配套的基础设施予以支持,新能源消费就难以实现。只有加大新能源产品配套基础设施的建设,才能形成消费者对新能源产品的良好预期。

第三,注重国内消费市场的培育和完善。需求端补贴在某一新兴产业初期阶段的助推尤为重要。我国新能源产品国内需求市场尚不成熟,大量的新能源产品出口国外,致使我国的新能源产品市场极易受到国际市场波动的影响。2011年,德国太阳能企业SolarWorld在美国的7家子公司向中国75家光伏企业提出"双反"起诉书,2012年5月,美国商务部做出裁决,即向中国太阳能光伏产品征收2.9%—4.73%的反补贴税和31.8%最低反倾销税。在价格补贴和配套基础设施建设完善得当的条件下,我国政府应当注重引导良好且健康的消费市场的形成,规范与新能源消费相关的法律法规,为消费者营造一种良好的环境和氛围。

结　语

　　20 世纪 70 年代以来，全球生态危机频发，传统能源濒临"三重困境"，有关新能源发展的相关研究如雨后春笋般层出不穷。但总体看来，资源环境学、能源学、物理或者化学等学科都是从技术或材料的视角来研究，经济学有关新能源发展方面的研究较为零散，未能形成系统性的框架，更鲜有基于马克思主义政治经济学视角的分析。在经济学视域中，新能源发展不仅仅是一种材料、技术或者要素的发展，更为重要的是与新能源发展有关的经济关系需要协调。马克思有关生产力与生产关系、经济力与经济关系的辩证逻辑为我们研究新能源发展提供了一个新的视角。马克思主义政治经济学的方法论蕴藏着丰富的思想精髓，理应对现实经济问题的解释有新的作为，其中蕴含的系统方法论也正是研究新能源发展的科学理论基础和方法。因此，本研究尝试性地提出"新能源力"概念，将新能源发展的四个过程"淘汰（传统能源产品）—研发—生产—消费"分别赋予"力"的内涵，并利用"新能源力"这一经济学范畴将这四个环节统一在一个系统理论框架中。

　　从系统的视角出发，新能源力包括新能源替代力、新能源技术力、新能源生产力和新能源消费力四大分力，这些分力以一定的关系相互耦合形成新能源力系统。其中，新能源替代力是新能源力系统的出发点；新能源技术力是其核心;新能源生产力是其基础;新能源消费力是其最终实现。从整体效果来看,新能源力是为了替代传统能源体系,在新技术基础上,对新能源及其相关产品生产和消费的能力,进一步会形成对可持续经济发展的推动力。

然而,在市场经济体制下,新能源力系统初期的市场失灵、市场悖论以及未来利益告诉我们,仅靠新能源力系统自身运转,其利益机制难以持续,初期发展需要一种"非市场"或者"非资本"的外部力量来推动,这种力量源于政府对新能源所实施的恰当扶持。

由于新能源力系统的良好运转是发挥其对可持续经济发展作用力的前提条件,在第五章、第六章和第七章,本研究从系统内部的视角具体分析了如何提升新能源力系统分力——新能源技术力、新能源生产力和新能源消费力,并侧重于从政府不同扶持方式角度进行了理论分析和实证检验。

首先,新能源技术力是指新能源企业进行技术创新和技术扩散的能力,本研究主要选择新能源技术创新力进行研究,并着重分析了研发补贴、生产补贴和环境税费这三种政府扶持方式对新能源技术创新力的影响,发现只要研发补贴率、生产补贴率还有污染税费率满足一定的条件,都有可能改变传统能源产品技术进步方向,对新能源技术研发投入产生促进作用。通过2001—2014年沪深A股市场新能源上市公司的相关数据,采用广义矩估计的方法对理论逻辑进行实证检验,发现我国目前政府补贴(研发补贴和生产补贴的总和)对新能源企业研发投入有正向促进作用,污染治理投资以及是否为出口企业对新能源企业研发投入的作用效果并不显著。

其次,新能源生产力是指新能源企业进行新能源产品生产的能力,本研究以生产效率来衡量。生产补贴主要通过扩大规模和提升生产效率两条路径来影响新能源产品数量的扩张。在开放经济条件下,前者可能引发低端产能扩张效应,而后者可能带来新能源产品质量的提升效应。在对新能源上市公司进行DEA效率测算时,发现我国新能源上市公司的总体生产效率较低且呈现下降的趋势。采用Tobit模型分析新能源上市公司综合技术效率的影响因素时发现,生产补贴在总体上起抑制作用,净资产收益率、营业收入增长率和员工素质结构对新能源上市公司的综合技术效率作用显著为正。

再次，新能源消费力是指消费者对新能源产品进行消费的能力。本研究构建了新能源产品消费能力模型，阐释了价格补贴和加大配套基础设施建设对新能源消费力的影响路径，发现：在新能源产品相对价格较高时，价格补贴可以提高新能源产品消费量；当新能源产品相对价格降低到一定程度时，加大配套基础设施建设会使新能源产品的消费量发生一个跳跃式的变化。动态模拟检验说明，价格补贴效果较为迅速和显著，但并不能改变新能源产品的最终消费量（稳态值）；而加大配套基础设施建设提高了消费者对新能源产品的使用预期，可以直接改变新能源产品的最终消费量（稳态值）。通过对美国新能源汽车 2010—2015 年的相关数据进行实证检验，上述结论得以验证。

最后，本研究对中国新能源力系统的现实情况进行了分析，并结合上述理论和实证结果，从政府如何才能有效扶持新能源力系统初期运转出发，提出了一套分层次的系统性政策建议。政府应该遵循"外力内化"的目标，对于新能源替代力，应该"化被动使用为主动使用"；关于新能源技术力，应该"化税费返还为研发补贴和知识产权制度的完善"；对于新能源生产力，应当"化低端产品数量激增为高端产品创造"；对于新能源消费力，应该"化直接的消费补贴为基础设施建设和消费者消费预期培养"。

参考文献

[1]白俊红："中国的政府 R&D 资助有效吗？来自大中型工业企业的经验证据"，《经济学(季刊)》2011 年第 4 期。

[2]包群、许和连、赖明勇："出口贸易如何促进经济增长？——基于全要素生产率的实证研究"，《上海经济研究》2003 年第 3 期。

[3]曹健林："依靠自主创新推动新能源产业快速发展"，《电网与清洁能源》2010 年第 2 期。

[4]曹玲：《日本新能源产业政策分析》，吉林大学硕士学位论文 2010 年。

[5]曹玉书、尤卓雅："资源约束、能源替代与可持续发展——基于经济增长理论的国外研究综述"，《浙江大学学报(人文社会科学版)》2010 年第 4 期。

[6]崔永和："论自然力与自然生产力"，《许昌学院学报》2016 年第 6 期。

[7]陈幼松："欧美各国鼓励利用新能源的政策"，《太阳能》1993 年第 1 期。

[8]陈凯、史红亮：《清洁能源发展研究》，上海财经大学出版社 2009 年版。

[9]陈平、刘刚："代谢增长论：市场份额竞争、学习不确定性和技术小波"，《清华政治经济学报》2014 年第 1 期。

[10]陈强：《高级计量经济学》，高等教育出版社 2013 年版。

[11]D. 麦奎里、T. 安贝吉："马克思和现代系统论"，《国外社会科学》1979 年第 6 期。

[12]蒂莫西·希尔："论马克思的整体论"，汤伯起译，《国外社会科学动态》1989 年第 9 期。

［13］方希桦、包群、赖明勇：“国际技术溢出：基于进口传导机制的实证研究”，《中国软科学》2004 年第 7 期。

［14］范业强、张敬东、李克柔：“谈马克思政治经济学方法理论中的系统思想”，《天津社会科学》1983 年第 4 期。

［15］高静：“美国新能源政策分析及我国的应对策略”，《世界经济与政治论坛》2009 年第 6 期。

［16］高凌云、王洛林：“进口贸易与工业行业全要素生产率”，《经济学（季刊）》2010 年第 2 期。

［17］耿逢春：“基于 DEA 的新能源板块上市公司评价体系研究”，《经济视角（下）》2011 年第 6 期。

［18］郭超英：《我国新能源产业发展政策研究》，西南石油大学硕士学位论文 2011 年。

［19］国务院发展研究中心课题组：“新能源汽车需国家战略扶持”，《中国经贸》2009 年第 12 期。

［20］郭娟、李维明、么晓颖：“世界煤炭资源供需分析”，《中国煤炭》2015 年第 12 期。

［21］郭四代、陈刚、杜念霜：“我国新能源消费与经济增长关系的实证分析”，《企业经济》2012 年第 5 期。

［22］郭勇：“核电消费与中国经济增长：基于 VAR 模型的研究”，《求索》2009 年第 9 期。

［23］韩秀云：“对我国新能源产能过剩问题的分析及政策建议——以风能和太阳能行业为例”，《管理世界》2012 年第 8 期。

［24］黄俊、陈信元：“集团化经营与企业研发投资——基于知识溢出与内部资本市场视角的分析”，《经济研究》2011 年第 6 期。

［25］侯荣华：“经济学方法论中的系统思想”，《管理科学与系统科学研究新进展——第八届全国青年管理科学与系统科学学术会议论文集》2005 年。

［26］贾全星：“我国新能源上市公司技术效率及其影响因素分析——基于随机前沿方法的实证研究”，《工业技术经济》2012 年第 7 期。

［27］景维民、张璐：“环境管制、对外开放与中国工业的绿色技术进步”，《经济研究》2014 年第 9 期。

［28］靳共元、武高寿：“《资本论》中的系统思想探索”，《晋阳学刊》1991 年第 4 期。

［29］李爱香：“浙江新能源产业系统评价及补贴政策建议”，《价值工程》2014 年第 32 期。

［30］李春顶：“中国制造业行业生产率的变动及影响因素——基于 DEA 技术的 1998—

2007 年行业面板数据分析"，《数量经济技术经济研究》2009 年第 12 期。

[31]李节、肖磊："马克思经济学范式中的现代系统思想——基于文献史的考察"，《马克思主义研究》2012 年第 7 期。

[32]李俊峰：《风力 12 在中国》，化学工业出版社 2005 年版。

[33]李俊峰、时璟丽："国内外可再生能源政策综述与进一步促进我国可再生能源发展的建议"，《可再生能源》2006 年第 1 期。

[34]李俊峰、时璟丽、王仲颖："欧盟可再生能源发展的新政策及对我国的启示"，《可再生能源》2007 年第 3 期。

[35]李俊峰、时丽、马玲娟："国内外可再生能源发展综述"，《国际石油经济》2006 年第 2 期。

[36]李书锋："不确定性、政府激励机制与可再生能源技术进步"，《科技进步与对策》2009 年第 5 期。

[37]李庆："新能源消费补贴的微观分析"，《财贸经济》2012 年第 12 期。

[38]李仕明、李平、肖磊："新兴技术变革及其战略资源观"，《管理学报》2005 年第 2 期。

[39]李向前："马克思社会有机体理论视角下的治理优化"，《人民论坛》2014 年第 26 期。

[40]李小平、朱钟棣："国际贸易、R&D 溢出和生产率增长"，《经济研究》2006 年第 2 期。

[41]李心丹、朱洪亮、张兵，等："基于 DEA 的上市公司并购效率研究"，《经济研究》2003 年第 10 期。

[42]李延芳、刘亚铮："基于 DEA 方法的光伏产业上市公司经营绩效研究——以 23 家光伏产业上市公司为例"，《科技和产业》2012 年第 10 期。

[43]李阳、党兴华、韩先锋，等："环境规制对技术创新长短期影响的异质性效应——基于价值链视角的两阶段分析"，《科学学研究》2014 年第 6 期。

[44]林伯强、蒋竺均："中国二氧化碳的环境库兹涅茨曲线预测及影响因素分析"，《管理世界》2009 年第 4 期。

[45]林伯强、李江龙："基于随机动态递归的中国可再生能源政策量化评价"，《经济研究》2014 年第 4 期。

[46]林岗、张宇："《资本论》的方法论意义——马克思主义经济学的五个方法论命题"，《当代经济研究》2000 年第 6 期。

[47]林丽："经济增长模型中可再生能源消费路径的数量分析"，《赤峰学院学报（自然科学版）》2012 年第 19 期。

［48］林琳：“燃料乙醇产业可持续发展的新思路”，《广西民族大学学报（哲学社会科学版）》2009 年第 6 期。

［49］刘高峡、黄栋、蔡茜：“可再生能源的技术创新障碍与激励政策建议”，《科技进步与对策》2009 年第 1 期。

［50］刘静暖：《自然力可持续利用的经济学研究》，吉林大学博士学位论文 2009 年。

［51］刘秀莲：“欧盟国家新能源产业重点领域选择、目标及政策借鉴”，《经济研究参考》2011 年第 16 期。

［52］刘雪凤、郑友德：“论我国新能源技术专利战略的构建”，《中国科技论坛》2011 年第 6 期。

［53］刘亚铮、彭慕蓉：“我国不同所有制新能源上市公司技术效率的比较研究——基于面板数据的 DEA-Malmquist 实证研究”，《工业技术经济》2015 年第 3 期。

［54］刘元春：“论马克思制度整体主义分析方法”，《当代经济研究》2001 年第 6 期。

［55］鲁品越：“《资本论》中的系统思想及其对我们的启示”，《中国社会科学》1984 年第 1 期。

［56］鲁品越：“论价值守恒规律和价值不守恒过程——沟通社会科学和自然科学原理的尝试”，《兰州学刊》1984 年第 4 期。

［57］罗来军、朱善利、邹宗宪：“我国新能源战略的重大技术挑战及化解对策”，《数量经济技术经济研究》2015 第 2 期。

［58］吕守军：“抓住中间层次剖析当代资本主义——法国调节学派理论体系的演进”，《中国社会科学》2015 年第 6 期。

［59］马克思：《资本论》（第 1 卷），人民出版社 2004 年版。

［60］马克思：《资本论》（第 2 卷），人民出版社 2004 年版。

［61］马克思：《资本论》（第 3 卷），人民出版社 2004 年版。

［62］马艳：“马克思主义资本有机构成理论创新与实证分析”，《学术月刊》2009 年第 5 期。

［63］蒙丹：“我国新能源产业链的低端产能过剩问题研究”，《经济纵横》2010 年第 5 期。

［64］孟氧：“经济时间与经济空间”，《河南财经学院学报》1990 年第 2 期。

［65］潘家华：“人文发展分析的概念构架与经验数据——以对碳排放空间的需求为例”，《中国社会科学》2002 年第 6 期。

［66］朴昌根：“评当前哲学界的‘系统热’”，《复旦学报（社会科学版）》1984 年第 4 期。

[67]戚汝庆:《中国光伏产业创新系统研究》,华中科技大学博士学位论文 2012 年。

[68]仇睿、姚俭建:"自然资本简论",《东南学术》2002 年第 1 期。

[69]任海英、程善宝、黄鲁成:"区域新兴技术产业化的系统动力学研究——以新能源汽车产业为例",《科技进步与对策》2010 年第 13 期。

[70]沈炳珍:"制度与技术协同演化:马克思经济增长理论及其启示",《演化与创新经济学评论》2009 年第 1 期。

[71]史丹:"我国新能源产能'过剩'的原因与解决途径",《中国能源》2012 年第 9 期。

[72]石旻、张大永、邹沛江,等:"中国新能源行业效率——基于 DEA 方法和微观数据的分析",《数量经济技术经济研究》2016 年第 4 期。

[73]施卫东、金鑫:"中国风电产业生产率增长、效率改进与技术进步——基于风电上市公司财务数据的实证分析",《经济管理》2011 年第 4 期。

[74]苏竣、眭纪刚、张汉威,等:"中国政府资助的可再生能源技术创新",《中国软科学》2008 年第 11 期。

[75]孙晓华、李明珊、刘小玲,等:"新技术冲击、产业演化与公共政策选择——以新能源车为例",《系统管理学报》2015 年第 3 期。

[76]王伯春:"新能源系统社会评价模型方法研究",《能源研究与利用》2004 年第 6 期。

[77]王朝科、程恩富:《经济力系统研究》,上海财经大学出版社 2011 年版。

[78]王大中:《21 世纪中国能源科技发展展望》,清华大学出版社 2007 年版。

[79]王革华:《新能源:人类的必然选择》,化学工业出版社 2010 年版。

[80]王亮、赵涛:"中国可再生能源消费、经济增长与碳排放的动态关系",《技术经济》2013 年第 11 期。

[81]王瑛:"中国可再生能源消费与经济增长的时间序列分析——以水电、核电、风电为例",《工业技术经济》2008 年第 11 期。

[82]王宇、刘志彪:"补贴方式与均衡发展:战略性新兴产业成长与传统产业调整",《中国工业经济》2013 年第 8 期。

[83]魏曙光:《循环经济理念下的我国新兴能源发展战略若干问题研究》,中国人民大学博士学位论文 2011 年。

[84]吴春雅、吴照云:"政府补贴、过度投资与新能源产能过剩——以光伏和风能上市企业为例",《云南社会科学》2015 年第 2 期。

[85]吴辉:"低碳经济背景下的新能源技术经济范式研究",《四川理工学院学报(社会科

学版)》2011 年第 3 期。

[86]乌杰:"用马列主义系统观构建劳动价值论",《中国改革》2002 年第 5 期。

[87]吴金艳、陈进:"构建我国能源政策体系的思考",《创新》2009 年第 6 期。

[88]武琪:"黄益平:怎样才算好的产业政策?",《财经界》2016 年第 12 期。

[89]吴文劲:《低碳经济下中国新能源汽车发展路径及政策研究》,经济科学出版社 2014 年版。

[90]吴彤、沈小峰、郭治安:"科学技术:生产力系统的'序参量'——一种自组织演化的科技观",《自然辩证法研究》1993 年第 6 期。

[91]小宫隆太郎、奥野正宽、铃村兴太郎:《日本的产业政策》,国际文化出版公司 1988 年版。

[92]肖海鹏、陈崖崖:"浅析自然力向生产力的转化",《广东社会科学》1991 年第 1 期。

[93]肖文、唐兆希:"可再生能源、中间产品质量与可持续发展",《世界经济》2012 年第 2 期。

[94]辛玉红、李星星:"中国新能源上市公司技术效率研究",《技术经济与管理研究》2013 年第 9 期。

[95]熊良琼、吴刚:"世界典型国家可再生能源政策比较分析及对我国的启示",《中国能源》2009 年第 6 期。

[96]薛剑文、王大文:"系统辩证论与唯物辩证法",《系统辩证学学报》2000 年第 4 期。

[97]许康:"新能源汽车技术的专利研究",《中国科技纵横》2015 年第 18 期。

[98]徐蕾、王秀荣、黄立新,等:"我国太阳能光伏产业发展动力机制研究",《科技进步与对策》2010 年第 22 期。

[99]闫晶、韩洁平、陈军明:"协同动力视角下新能源产业成长机制研究",《科技管理研究》2015 年第 1 期。

[100]杨博文、张天、陈丽壮:"中国风电上市公司财务绩效评价研究",《税务与经济》2012 年第 1 期。

[101]杨充霖、文先明:"自然资本的起因、含义及问题",《求索》2006 年第 4 期。

[102]杨玉峰、韩文科、苗韧,等:"当前国际能源经济的新趋势",《宏观经济研究》2010 年第 6 期。

[103]姚梦媛:《中国新能源和可再生能源发展政策研究——基于政策工具的视角》,上海师范大学硕士学位论文 2011 年版。

[104]银路、王敏、萧延高,等:"新兴技术管理的若干新思维",《管理学报》2005 年

第 3 期。

[105]殷鑫宇:《新能源系统模型及应用研究》,浙江大学硕士学位论文 2014 年版。

[106]尤卓雅:《能源替代、安全约束和经济增长》,浙江大学博士学位论文 2011 年版。

[107]余东华、吕逸楠:"政府不当干预与战略性新兴产业产能过剩——以中国光伏产业为例",《中国工业经济》2015 年第 10 期。

[108]余国合、吴巧生:"人文发展与能源消费相关性的国际比较及启示",《华中科技大学学报(社会科学版)》2008 年第 1 期。

[109]约翰·贝拉米·福斯特:《马克思的生态学:唯物主义与自然》,高等教育出版社 2006 年版。

[110]俞正兴:"系统规律是唯物辩证法的基本规律",《南昌大学学报(人文社会科学版)》1983 年第 1 期。

[111]张成、陆旸、郭路,等:"环境规制强度和生产技术进步",《经济研究》2011 年第 2 期。

[112]张国有:"影响中国经济持续快速增长的战略因素",《经济与管理研究》2006 年第 11 期。

[113]张华、魏晓平:"能源替代与内生经济增长路径研究",《北京理工大学学报(社会科学版)》2014 年第 4 期。

[114]张晖:"中国新能源产业潮涌现象和产能过剩形成研究",《现代产业经济》2013 年第 12 期。

[115]张平、张鹏鹏、蔡国庆:"不同类型环境规制对企业技术创新影响比较研究",《中国人口·资源与环境》2016 年第 4 期。

[116]张卫国、郑月龙、汪小钗:"政府在新能源投资系统中的角色——基于演化博弈的分析",《科技管理研究》2015 年第 23 期。

[117]张宪昌:"美国新能源政策的演化之路",《农业工程技术(新能源产业)》2011 年第 1 期。

[118]张薰华:《〈资本论〉脉络》,复旦大学出版社 1999 年版。

[119]张玉臣、彭建平:"欧盟新能源产业政策的基本特征及启示",《科技进步与对策》2011 年第 12 期。

[120]张志军:"马克思经济学与复杂系统理论——研究劳动价值论的新视角",《海派经济学》2005 年第 3 期。

[121]张中元、赵国庆:"FDI、环境规制与技术进步——基于中国省级数据的实证分析",《数量经济技术经济研究》2012 年第 4 期。

[122]赵刚:"德国大力发展新能源产业的做法与启示",《中国科技财富》2009 年第 19 期。

[123]周茂荣、祝佳:"欧盟新能源政策:动因分析与前景展望",《世界经济研究》2007 年第 12 期。

[124]诸大建、朱远:"循环经济与自然资本稀缺条件下的中国发展",《毛泽东邓小平理论研究》2008 年第 4 期。

[125]周亚虹、蒲余路、陈诗一,等:"政府扶持与新型产业发展——以新能源为例",《经济研究》2015 年第 6 期。

[126]Acemoglu D, Aghion P, Bursztyn L, et al, The environment and directed technical change, *The American Economic Review*, 2012, Vol. 102, No. 1.

[127]Andersson B A, Jacobsson S, Monitoring and assessing technology choice: the case of solar cells, *Energy Policy*, 2000, Vol. 28, No. 14.

[128]Anderson C J, Mitchell H E, Photovoltaic solar cell laminated in vehicle windshield, *U. S. Patent*, 1997.

[129]Arellano M, Bover O, Another look at the instrumental variable estimation of error-components models, *Journal of Econometrics*, 1995, Vol. 68, No. 1.

[130]Aznar-Marquez J, Ruiz-Tamarit J R, Renewable natural resources and endogenous growth, *Macroeconomic Dynamics*, 2005, Vol. 9, No. 2.

[131]Baker E, Chon H, Keisler J, Advanced solar R&D: Combining economic analysis with expert elicitations to inform climate policy, *Energy Economics*, 2009, Vol. 31.

[132]Banker R D, Charnes A, Cooper W W, Some Models for estimating technical and scale inefficiencies in data envelopment analysis, *Management Science*, 1984, Vol. 30, No. 9.

[133]Barreto L, Kypreos S, Endogenizing R&D and market experience in the "bottom-up" energy-systems ERIS model, *Technovation*, 2004, Vol. 24, No. 8.

[134]Barton J, Gammon R, The production of hydrogen fuel from renewable sources and its role in grid operations, *Journal of Power Sources*, 2009, Vol. 195, No. 24.

[135]Beresteanu A, Li S, Gasoline prices, government support, and the demand for hybrid vehicles in the United States, *International Economic Review*, 2011, Vol. 52, No. 1.

[136]Bergek A,Jacobsson S,Are tradable green certificates a cost-efficient policy driving technical change or a rent-generating machine? Lessons from Sweden 2003－2008,*Energy Policy*,2010,Vol. 38,No. 3.

[137]Blundell R,Bond S,Initial conditions and moment restrictions in dynamic panel data models,*Journal of Econometrics*,1998,Vol. 87,No. 1.

[138]Boyd G A,McClelland J D,The impact of environmental constraints on productivity improvement in integrated paper plants,*Journal of Environmental Economics and Management*,1999,Vol. 38,No. 2.

[139]Brunner meier S B,Cohen M A,Determinants of environmental innovation in US manufacturing industries,*Journal of Environmental Economics and management*,2003,Vol. 45,No. 2.

[140]Carley S,The era of state energy policy innovation: A review of policy instruments,*Review of Policy Research*,2011,Vol. 28,No. 3.

[141]Carrion-Flores C E,Innes R,Environmental innovation and environmental policy: an empirical test of bi-directional effects,*University of Arizona Working Paper*,2005,.

[142]Charnes A,Cooper W W,Rhodes E,Measuring the efficiency of decision making units,*European Journal of Operational Research*,1978,Vol. 2,No. 6.

[143]Cherni J A,Kentish J,Renewable energy policy and electricity market reforms in China,*Energy Policy*,2006,Vol. 35,No. 7.

[144]Chintrakarn P,Environmental regulation and US states′ technical inefficiency,*Economics Letters*,2008,Vol. 100,No. 3.

[145]Christopher Torrence,Peter J. Webster,The annual cycle of persistence in the El Nño/Southern Oscillation,*Quarterly Journal of the Royal Meteorological Society*,1998,Vol. 124,No. 550.

[146]Coe D T,Helpman E,Hoffmaister A W,North-South R&D spillovers,*Economic Journal*,1997,Vol. 107,No. 440.

[147]Coelli T,A guide to DEAP version 2. 1: A data envelopment analysis (Computer) program,*Centre for Efficiency and Productivity Analysis*, *University of New England*, *Australia*,1996.

[148]Coelli T,A multi-stage methodology for the solution of orientated DEA models,

Operations Research Letters,1998,Vol. 23,No. 3.

[149]Del Río González P,Ten years of renewable electricity policies in Spain: An analysis of successive feed-in tariff reforms,*Energy Policy*,2008,Vol. 36,No. 8.

[150]Deshmukh M K,Deshmukh S S,Modeling of hybrid renewable energy systems,*Renewable and Sustainable Energy Reviews*,2008,Vol. 12,No. 1.

[151]Diamond D,The impact of government incentives for hybrid-electric vehicles: Evidence from US states,*Energy Policy*,2009,Vol. 3,No. 3.

[152]Domazlicky B R,Weber W L,Does environmental protection lead to slower productivity growth in the chemical industry?,*Environmental and Resource Economics*,2004,Vol. 28,No. 3.

[153]Färe R,Lovell C. K,Measuring the technical efficiency of production,*Journal of Economic Theory*,1978,Vol. 19,No. 1.

[154]Farrell M J,The measurement of productive efficiency,*Journal of the Royal Statistical Society. Series A (General)*,1957,Vol. 120,No. 3.

[155]Flamos A,Van der Gaast W,Doukas H,et al,EU and Asian countries policies and programmes for the diffusion of sustainable energy technologies,*Asia Europe Journal*,2008,Vol. 6,No. 2.

[156]Gallagher K. S. ,Muehlegger E,Giving green to get green? Incentives and consumer adoption of hybrid vehicle technology,*Journal of Environmental Economics and Management*,2011,Vol. 61,No. 1.

[157]Gray W B,The cost of regulation: OSHA,EPA and the productivity slowdown,*The American Economic Review*,1987,Vol. 77,No. 5.

[158]H. Lund,B. V. Mathiesen,Energy system analysis of 100% renewable energy systems—The case of Denmark in years 2030 and 2050,*Energy*,2008,Vol. 34,No. 5.

[159]Heal G,Climate economics: a meta-review and some suggestions for future research,*Review of Environmental Economics and Policy*,2009,Vol. 3,No. 1.

[160]Horn M,Krupp F,Earth: The sequel: The race to reinvent energy and stop global warming,*Physics Today*,2009,Vol. 62,No. 4.

[161]Hvelplund F,Innovative democracy and renewable energy strategies: a full-scale experiment in Denmark 1976—2010,energy,policy,and the environment,*Springer New York*,

2011.

[162]Jacobsson S,Johnson A,The diffusion of renewable energy technology: an analytical framework and key issues for research,*Energy Policy*,2000,Vol. 28,No. 9.

[163]Jacobsson S,Lauber V,The politics and policy of energy system transformation—explaining the German diffusion of renewable energy technology,*Energy Policy*,2006,Vol. 34,No. 3.

[164]Jaffe A B,Palmer K,Environmental regulation and innovation: a panel data study,*Review of Economics and Statistics*,1997,Vol. 79,No. 4.

[165]Kelvin J. Lancaster,A New Approach to Consumer Theory,*Journal of Political Economy*,1966,Vol. 74,No. 2.

[166]Komor P,Bazilian M,Renewable energy policy goals,programs,and technologies,*Energy Policy*,2005,Vol. 33,No. 14.

[167]Lanoie P,Patry M,Lajeunesse R,Environmental regulation and productivity: testing the porter hypothesis,*Journal of Productivity Analysis*,2008,Vol. 30,No. 2.

[168]Lin H,Lin E S,FDI,trade,and product innovation: theory and evidence,*Southern Economic Journal*,2010,Vol. 77,No. 2.

[169]Lipp J,Lessons for effective renewable electricity policy from Denmark,Germany and the United Kingdom,*Energy Policy*,2007,Vol. 35,No. 11.

[170]Lund H,Mathiesen B V,Energy system analysis of 100% renewable energy systems—The case of Denmark in years 2030 and 2050,*Energy*,2009,Vol. 34,No. 5.

[171]Meijer I S M,Hekkert M P,Koppenjan J F M,The influence of perceived uncertainty on entrepreneurial action in emerging renewable energy technology: biomass gasification projects in the Netherlands,*Energy Policy*,2007,Vol. 35,No. 11.

[172]Menanteau P,Finon D,Lamy M L,Prices versus quantities: choosing policies for promoting the development of renewable energy,*Energy Policy*,2003,Vol. 31,No. 8.

[173]Miller S M,Upadhyay M P,The effects of openness,trade orientation,and human capital on total factor productivity,*Journal of Development Economics*,2000,Vol. 63,No. 2.

[174]Munasinghe M,The sustainomics trans-disciplinary meta-framework for making development more sustainable: applications to energy issues,*International Journal of Sustainable Development*,2002,Vol. 5,No. 1—2.

［175］Nemet G F, Interim monitoring of cost dynamics for publicly supported energy technologies, *Energy Policy*, 2009, Vol. 37, No. 3.

［176］Painuly J P, Barriers to renewable energy penetration: a framework for analysis, *Renewable Energy*, 2001, Vol. 24, No. 1.

［177］Peidong Z, Yanli Y, Yonghong Z, et al, Opportunities and challenges for renewable energy policy in China, *Renewable and Sustainable Energy Reviews*, 2009, Vol. 13, No. 2.

［178］Polatidis H, Haralambopoulos D A, Renewable energy systems: A societal and technological platform, *Renewable Energy*, 2007, Vol. 32, No. 2.

［179］Porter M E, Towards a dynamic theory of strategy, *Strategic Management Journal*, 1991, Vol. 12, No. S2.

［180］Porter M E, Van der Linde C, Toward a new conception of the environment-competitiveness relationship, *The Journal of Economic Perspectives*, 1995, Vol. 9, No. 4.

［181］Reddy A K N, Energy technologies and policies for rural development, *Energy for Sustainable Development: A Policy Agenda*, 2002.

［182］Romer P M, Increasing returns and long-run growth, *Journal of Political Economy*, 1986.

［183］Sierzchula W. , Bakker S. , Maat K. et al, The Influence of financial incentives and other socio-economic factors on electric vehicle adoption, *Energy Policy*, 2014, Vol. 68.

［184］Sokona Y, Mulugetta Y, Gujba H, Widening energy access in Africa: Towards energy transition, *Energy Policy*, 2012, Vol. 47.

［185］Strachan N, Pye S, Kannan R, The iterative contribution and relevance of modelling to UK energy policy, *Energy Policy*, 2009, Vol. 37, No. 3.

［186］Sueyoshi T, Goto M, Investment strategy for sustainable society by development of regional economies and prevention of industrial pollutions in Japanese manufacturing sectors, *Energy Economics*, 2014, Vol. 42.

［187］Valente S, Sustainable development, renewable resources and technological progress, *Environmental and Resource Economics*, 2005, Vol. 30, No. 1.

［188］Wagner M, On the relationship between environmental management, environmental innovation and patenting: Evidence from German manufacturing firms, *Research Policy*, 2007, Vol. 36, No. 10.

［189］Wüstenhagen R，Bilharz M，Green energy market development in Germany：effective public policy and emerging customer demand，*Energy Policy*，2004，Vol. 34，No. 13.

［190］Zhang X. ，Wang K. ，Hao Y，et al，The impact of government policy on preference for NEVs：The evidence from China，*Energy Policy*，2013，Vol. 61.

后　记

本书的基本内容源于我的博士论文。我的导师马艳教授对本书的研究主题、研究内容、研究框架等方面进行了具体的指导。

本书研究主题"新能源力",是一个全新的概念。选题之初,是马艳教授一直给我坚定的信念,才让我最终完成本书。冒佩华教授不仅以严谨、务实、踏实的治学之风引导着我,也对我的为人处事给以谆谆教诲。David Kotz教授、何玉长教授、陈波副教授、张沁悦副教授也对本书提出了建设性的建议。借本书付梓之际,特别向他们表示衷心感谢!

同时我要感谢我的家人,父母虽然不懂我的学术研究,但是他们无条件支持着我,让我在苦闷的时候得到温暖。感谢我的爱人王迪,在本书写作过程中的苦恼和迷茫都是向他倾诉,甚至在某个问题难以想通时,也是他与我共同讨论,帮我拨开烦恼、理顺思路。

感谢王琳师姐、赵治成师弟、王利云师妹一直与我讨论,甚至帮我分担其他的事情,使我能够有充足的时间置身于写作。感谢在我曾经读书生活中出现的挚友,他们的陪伴为我的学习之余带来了丰富多彩的活动,多少次欢乐的出游、多少次体育馆中的挥汗如雨,都成为我博士生涯中最美好的时光。

王宝珠
2020 年 9 月于上海